朝夜3分、書くだけで癒やされる

書き込み式

写《しゃ》文《ぶん》セラピー練習帳

「言葉には、あなたを癒やす魔力がある」

はじめに

本を読んで、その内容がしっかりと記憶に残る！　そしてその日から、本の内容を実践し、行動に移すことができる！

そんなことができるなら、どんなに素晴らしいでしょうか。

私はこれまでに52冊の本を書き、累計２６０万人の読者に届けてきました。

本を読んだ方からは、「アウトプット力が高まった！」「ストレスフリーになった！」「メンタルが改善した！」「体調が良くなった！」と、素晴らしい読書効果の報告が続々と届いています。

しかしながら、本を読んで行動する人は10％、継続できる人はさらにその10％。つまり、本の内容を行動化し、継続できる人は、たったの「１％」しかいないと言われます。

１％は少なすぎます。もっと多くの人に、樺沢メソッドを実行してもらい、もっと多くの人が前向き思考になり、自分で自分を癒《い》やすことができるようになってほしい。「自分治癒力《じぶんちゆりょく》」を高め、今よりも健康になる。元気で活気がみなぎって、毎日働き、毎日遊んで、人生を楽しんでほしいのです。

本を読んだ人全員が、本の内容を記憶に残し、実践し、行動化できるとしたならば、そして本を読んだ人１００％にその効果が現れるとしたならば、それは奇跡です。そして、ビジネス書の革命です。

ビジネス書の世界にそんな革命を起こそうと考え、企画したのが、本書「写《しゃ》文《ぶん》セラピー」です。

本を読んでも記憶に残らないのは、アウトプットしないからです。本を読んでも行動できないのは、「後でやろう」と先送りにするから。本書では、文章を音読して、その場で書き写すだけ。それなら**読んだ直後に、三つのアウトプット「話す」「書く」「行動する」がすべて完了します。**

インプットとアウトプットをセットにすることで、脳に本の内容を定着させて、飛躍的に効果を高める。あなたの脳をポジティブに書き換える。

それが精神科医の私が考案したメソッド「写文セラピー」です。

本書は、１日にたった１ページを読んで、数行の文字を書き写すだけです。

どんなに読書が苦手でも、１ページなら読めるはず。どんなにアウトプットが苦手でも、１行の短文を3回書き写すことならできるはず。

そして、**本書は８週間も、毎日楽しめる。**

最短時間で最大効率を発揮できる！

ビジネス書史上、最もタイムパフォーマンスとコストパフォーマンスが高い本になるはずです。


著名人の名言を書き写す本は、これまでも何冊か出ています。しかし、本書は著者である「精神科医・樺沢紫苑」が過去の書籍やYouTubeで何度もお伝えしている、著者自身の珠玉の名言で構成されています。

「言葉で自分を癒やす」（自分治癒力）という観点で、56個の名言を厳選し、その名言を写文する（書き写す）だけで、「自分治癒力を高める」「自分で自分を癒やす力が身に付く」という大きな目的を達成できる！　という点が、単なる名言を味わうだけの既刊本とは、根本的に異なります。


拙著、シリーズ累計１００万部の『学びを結果に変えるアウトプット大全』（サンクチュアリ出版）、そして『言語化の魔力　言葉にすれば「悩み」は消える』（幻冬舎）でお伝えしたように、**言葉には人を動かす力、人を変える力があります。**

１日３行の写文を朝と夜に繰り返す。たった数分のワークですが、８週間後には、あなたの考え方や行動は大きく変わります。

「ストレスを受け流す力」（レジリエンス）や、「今、ここに集中する力」（マインドフルネス）が養われ、自己肯定感が高まります。結果として、自分で自分を癒やす力（自分治癒力）が高まる。朝3分、夜3分の写文セラピーをするだけで。

写文セラピーの世界にようこそ。
本書で、あなたの人生は、大きく変わります。
早速、今日から「写文」をスタートしましょう!!

ック｜写文前｜

自分治癒力がどれほどのものか、チェックしてみましょう。

【集計方法】

（1）連続する２問の数字を加算して「２問加算」欄に記入してください。２～10の数字になるはずです。

（2）A～H欄の数字をすべて合算して「合計」欄に記入してください。16～80の数字になるはずです。

（3）A～H欄の数字を、「自己治癒力チェック　結果グラフ」に転記してください。

（4）それぞれの数値を結んで、グラフにしてみましょう。

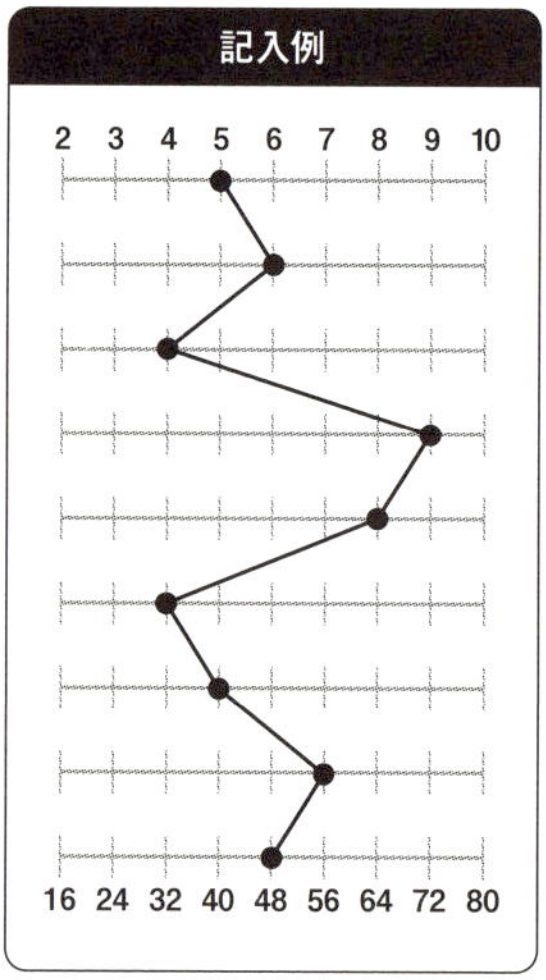

あなたの現在の自分治癒力の傾向、得意、不得意が把握できました。

今は、それぞれの数値の絶対値（数字の大きさ）は気にしなくてかまいません。

これからの写文セラピーで、自分の不得意なスキルを意識して伸ばしていきましょう。

注）「自分治癒力チェック」は、静岡産業大学経営学部 岩本武範教授の監修のもと、研究分野で使われている自己肯定感、レジリエンス、幸福度などの信憑性の高い尺度、指標を汎用して作成しました。

自分治癒力チ

◎写文セラピーを開始する前に、まずは現状把握。今の時点

◆以下の質問に、1 〜 5 でお答えください。

1. 全く当てはまらない　2. あまり当てはまらない　3. どちらともいえない
4. やや当てはまる　5. 非常に当てはまる

「回答」欄に、1 〜 5 の数字を記入してください。

質問		回答	2問加算
①	私は価値がある人間だと思う		①＋②
②	難しいことでも、失敗を怖れないで挑戦する		A
③	私は困難な状況でも立ち直ることができる		③＋④
④	問題に直面しても、前向きにとらえられると思う		B
⑤	今していることに集中して取り組むことができる		⑤＋⑥
⑥	物事を深く考えすぎず、ありのままを受け入れられる		C
⑦	自分の意見や考えを、人に伝えている		⑦＋⑧
⑧	自分で考え、自分で決断できている		D
⑨	私は人から支えられている。 人との「つながり」を強く感じている		⑨＋⑩
⑩	困ったときには、周りの人に助けを求めることができる		E
⑪	私は、毎日調子が良い		⑪＋⑫
⑫	十分な睡眠がとれている。グッスリ眠れている		F
⑬	ストレスを感じたとき、感情をコントロールし、 冷静に対処できる		⑬＋⑭
⑭	0か100かで、物事を考えない		G
⑮	私は現在、幸せだと感じる		⑮＋⑯
⑯	最近、楽しい、ワクワクするような経験をしている		H
		合計	

もくじ

写文を実行すると、あなたに大きな変化が起こります。
音読と写文を組み合わせた「写文セラピー」は、脳を活性化させます。ものすごく脳に良いのです。

凄く脳に良いのです。

以下に、写文の脳科学的効果を7つお伝えします。

1 脳が活性化する

音読は、前頭前野《ぜんとうぜんや》、側頭葉《そくとうよう》、前運動野《ぜんうんどうや》、そして後部《こうぶ》小脳《しょうのう》など、言語処理に関連する複数の脳領域を活性化します。

写文は、運動および視覚的な脳領域を活性化します。

音読と写文を組み合わせることで、視覚、聴覚、運動感覚が総動員され、脳が広範囲に活性化するのです。

2 記憶力が向上する

手を動かして文字を書くことで、視覚情報と運動情報の両方が関与し、脳の

海馬《かいば》（記憶に関与する領域）が活性化します。「書く」行為は、単に読むだけよりも記憶の定着率を高めます（筆記効果）。また、自分の手で書くことで情報の処理が深まり、記憶が強化されます（生成効果）。

音読、写文した文章が記憶として定着しやすくなるだけではなく、毎日続けることによって、あなたの「記憶力」が根本的に高まるのです。

3 集中力、注意力が向上する

短時間に集中して写文することは、特定の情報に意識を集中する訓練になります。結果として、普段の仕事や勉強においても、集中力が高まり、パフォーマンスの向上が期待されます。

スマホやSNSを通じて漫然と情報をインプットする習慣は、脳を疲れさせ、集中力を下げます。スマホ利用が増える時代だからこそ、短時間でも圧倒的に集中する脳トレーニングに大きな意味があります。

4 自己洞察力が高まる

文章の意味を考え、集中して写文をする。その言葉は、自分にどのように関

写文の脳科

連するのか。「言葉」「文章」と向き合うことは、「自分」と向き合うことです。そして、一日の最後に「振り返り」を記入することで、自己洞察のトレーニングになります。

朝と寝る前に、数分でも「自分と向き合う時間」を持つことは、自己洞察力を高めるために非常に良い習慣です。

5 アウトプット力が向上する

「アウトプットは難しい」と言う人は多い。しかし、音読、写文、一日の振り返り（簡単な日記）を毎日行うことで、あなたのアウトプット力は少しずつ向上していきます。アウトプットへの苦手意識も消えていきます。アウトプットが楽しくなり、習慣化されるのです。

6 読解力、読書力が向上する

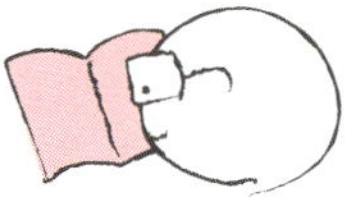

文章を音読する。そして、書き写すことで、文と文とのつながり、構造に注意が向きます。一字一句の意味を考えるようになります。結果として、文章力がアップするのは当然として、読解力もアップするのです。また毎日、数百文

字の音読をすることは、読書力のトレーニングにもなります。

写文セラピーを8週間続けると、読解力が身に付き、本をより深く、より速く読めるようになります。

7 自分治癒力が身に付く

本書では、「自己肯定感」「レジリエンス」「マインドフルネス」「アウトプット」「コミュニケーション」「コンディショニング」「ストレスフリー」「ウェルビーイング」の8カテゴリーを1週間ずつ、7文×8週で、56文を写文していきます。

結果として、「自己肯定感」や「レジリエンス」といったそれぞれの能力。各名言で得られる「獲得スキル」は計77個。そして最後まで写文すると、自分で自分を癒やす力「自分治癒力」が身に付くように作られています。

本書の使い方

写文セラピーは、「朝と夜に、それぞれ3行の写文を行う」という極めてシンプルなものです。写文とは、名言を書き写すこと。その効果を最大化するために、以下の「使い方」を守ってください。

写文セラピーで必ず効果が出る！「本書の使い方」について解説します。

1 朝のワーク

朝起きてから、仕事を開始するまでの時間帯で、**「3分」だけ時間を確保してください。**朝起きた直後、朝食の前や後、会社に出勤する前。早く会社に着いた人は、始業までの時間。座ることができれば、電車の中でもＯＫです。集中できる環境がベストです。

以下、第一週1日目「それでいい。今の自分でＯＫ！」を例に説明します。

① 今日の名言を音読する

まず、今日の名言「それでいい。今の自分でＯＫ！」を声に出して読み上げましょう。もし電車の中やカフェにいる場合は、「小さな声で口ずさむ」か口《くち》パクでも良いでしょう。

「声に出す」というのも重要なアウトプットで、脳を刺激します。自分の出した声が、耳から入ってくるので、アウトプットしながら、さらにインプットの効果も得られる。ただ黙読するより脳が何倍も刺激されます。

②解説文を読む

次に解説文を読みます。こちらも周りに人がいなければ、「音読」パートはできるだけ声に出して読んでみてください。無理な場合、時間がない場合は、口パクか黙読でかまいません。早口で、機械的に読んでも意味がありません。**一字一句を味わいながら、ややゆっくりめで、丁寧に音読してください。**

解説文は単なる解説ではありません。ポジティブな言葉をたくさん盛り込み、あなたを勇気付ける樺沢からのエールです。読むだけで、前向きな気持ち、モチベーションがどんどんわいてくる。解説文を音読するのも、「セラピー」です。

「今日の名言」を常に意識して、一日を過ごすのです。そのために、その言葉にどのような意味があるのか？　その言葉を身に付けると、どのようなメリットがあるのか？　そして、その言葉を書きながら、何を意識すればいいのか？　**目的意識を持って、解説文を読んでください。**ゆっくり音読しても、90秒ほどで読めるはずです。

その言葉を写文し、体に染み込ませることで、どのようなスキルが身に付くのかは、「獲得スキル」の欄（名言の下）に明記されています。

その獲得スキルを確認し、たとえば、〝自己肯定感を高めるために、「それでいい。今の自分でＯＫ！」を写文する〟と、マインドをセットしてください。

③朝の写文（3回）

次に写文ページ（見開き左側）をご覧ください。「今日の名言」を、朝の欄に3回書き写します。

その前に、写文セラピー専用の筆記用具を用意してください。**筆圧を感じながら、五感を研ぎ澄ましながら、丁寧に書き写してほしい。そのために、「鉛筆」または「筆ペン」がお勧めです。**ポールペンだと、筆圧に変化が乏しく、ただ「書き写す」だけの作業になってしまいます。

丁寧に書くというのは、**一字一句を味わいながら、その言葉と一体になる。その言葉が、あなたの心と体に染み渡る。**そんな感覚を味わいながら書いてください。

写文セラピーは、「作業」ではありません。自己対話の時間です。言葉と向き合い、自分と向き合う。ただ書き写すのではなく、言葉を鏡として自分と対話するのです。それが「丁寧に書く」ということ。8週間の写文が終わって空欄がすべて埋まり、きれいに書き上がったとき、本書はあなたたの「自信」となり、「財産」に変わります。

ですから、仕上がりも含めて「映《ば》える」ように、「鉛筆」か「筆ペン」をお勧めします。

1行目は、薄い文字をなぞって「それでいい。今の自分でOK！」と書いてください。

2行目と3行目は、1行目を見ながら、同じ大きさで「それでいい。今の自分でOK！」と書いてください。このとき、口ずさみながら「それでいい。今の自分でOK！」と音読してください。

無言の方が集中できる。無心になれる、という人は無言でも良いです。
たった3回しか書きません。だからこそ、その「一文」「一行」に全集中しましょう。

2 日中のワーク

単に写文して終わりではありません。**「今日の名言」と共に一日を過ごすことが大切です。**仕事で切羽詰まったとき、不安を覚えたときには、「それでいい。今の自分でＯＫ！」とつぶやいてみましょう。不思議と、勇気がわいてきます。

本書には、様々なシチュエーションで使える言葉を紹介しました。落ち込んでいる後輩や部下がいれば、「それでいい。今の自分でＯＫ！」という言葉がけをしてみましょう。

アウトプットすればするほど、その言葉はあなたの身に付きます。

一日の中で3回を目標に、その日の言葉を使ってみましょう。使えば使うほど、「それでいい」という言葉が、あなたの脳に定着します。

本書を持ち歩いて、昼休みに読み返すのもいいでしょう。解説文を休憩時間に読み返すのもいいでしょう。

本を持ち歩くのが面倒な人は、その日の「解説ページ」をスマホで写真に撮りましょう。「今日の名言」の写真を、スマホの待ち受け画面にするのもいいでしょう。スマホを開くたびに、「今日の名言」が目に入る。「今日の名言」を意識して一日を過ごすことができます。

スマホを開くと、ニュースを読んだり、ゲームをしてしまう人が多いものです。スマホを開いたときは、まず「今日の名言」を意識してください。あなたが一日20回スマホを開くなら、「今日の名言」と20回接触できるはずです。

以上、**最初からすべてをこなすのは難しいので、少しずつ、できる範囲でやってください。「今日の名言」と共に一日を過ごすことが目的です。**

あなたなりの、「言葉との向き合い方」を考えましょう。見る（インプット）とつぶやく（アウトプット）、使ってみる（行動する＝最高のアウトプット）を織り交ぜて、無理のない範囲で、「今日の名言」と親しんでください。

3 夜のワーク

① 今夜の写文3回

夜の写文は、寝る前30分以内に行ってください。歯磨きをしてパジャマに着替えたその後、**「寝る直前」がお勧めです。**

「今日の名言」を口ずさみながら、丁寧に3回、写文してください。

その言葉との一体感を意識してください。朝は身に付いていなかった言葉に、親しみが感じられるはず。何となく、その言葉の深い意味が感じとれるとしたならば、あなたは間違いなく成長しています。

②今日のフィードバック

「それでいい。今の自分でＯＫ！」という言葉と一緒に、一日を過ごしました。その感想や体験、気付きなど、一日の「フィードバック（振り返り）」を３行以内で書いてください。

【例】

・「それでいい。今の自分でＯＫ！」と言うと、勇気がわいてきた。
・部下に「それでいい。今の自分でＯＫ！」と言ったら、すごく喜ばれた。
・仕事でへこんだときに、小声でつぶやいたら、気持ちが楽になった。
・凄く良い言葉だと思う。気に入った！
・この言葉を知っていると、ネガティブな言葉を言わなくてすむかも。
・「それでいい」と言うだけで、勇気がわいてくる。不思議だなあ。
・「それでいい」という言葉。５回も使えた！
・自己肯定感の意味が、少しだけわかった気がする。
・ひょっとして、たった一日で自己肯定感が高まっちゃった！
・楽しい気分になった！
・「それでいい」という言葉にありがとう！
・ポジティブな言葉で、ポジティブな気分になれるんだ。

長文で書くのは大変ですから、最初は1行「一気付き」。箇条書きで3つ書くといいでしょう。慣れてきたら、自由に書いてもいいです。

本日の獲得スキルについて、1行書くといいでしょう。たとえば、1日目であれば獲得スキルは「自己肯定感」。自己肯定感の意味を理解できたか？　自己肯定感を意識できたか？　自分を肯定する言葉を言ってみて、実際「自己肯定感」に変化はあったのか？　一日の実践を通して、自己肯定感に変化はあったのか？　これだけでも、たくさんのフィードバックができます。

あるいは、「感謝の気持ち」にフォーカスするとフィードバックしやすいです。

「〇〇という言葉に感謝」「〇〇という言葉で、ありがたい気持ちが強まった」「〇〇と声がけしたら、喜ばれた。感謝された」など。

自分の中の感謝の気持ち。他の人から感謝された体験。両方がありますね。

重要なのは、ネガティブな内容は書かないことです。

たとえば、「今日一日、一度も使えなかった」「言葉の意味がピンとこない」「効果を実感できない」「こんなことやって、意味あるの？」など。

「できなかったこと」ではなく、**あなたが「できたこと」「やったこと」を書きましょう。**

そして、ポジティブな感情に注目して、それを記録してください。

とくに書くことを思いつかなくても、〝「それでいい」という言葉にありがとう！〟という感謝の一文くらいなら、書けるはずです。

「明日こそ、『それでいい』を使ってみるぞ！」でもいいでしょう。

写文セラピーでは、写文以上に、この「フィードバック（振り返り）」が大切です。

③布団の中で「今日の名言」と向き合う

夜の写文とフィードバックが終わったら、「スマホを見る」などの余計なことはせずに、すぐに布団に入ってください。そして、「今日の名言」を味わいながら、もう一度頭の中で反復しましょう。フィードバックの内容を思い出しながら眠りに入るのです。

頭の中で「今日の名言」を何度か繰り返していると、寝付きも良くなります。

眠る前の15分間に考えていたこと、あるいは眠る直前に考えていたことが、強烈に記憶に残りやすいのは、脳科学的にも証明されています。

ですから、**〝布団の中で「今日の名言」と向き合う〟ことは、写文セラピーの効果を最大化するために、最も重要な秘訣**となります。

寝る直前にスマホを見るのは、絶対にやめましょう。**「たった1分の寝る前スマホで、1日の写文ワークがすべてムダになる」**と考えてください。

樺沢の他の書籍では「感謝日記」「ポジティブ日記」などを推奨しています。「1年以上、毎日書き続けている」という方もいるでしょう。

しかし、もしそれを継続している人がいましたら、「写文セラピー」をしている間は、「感謝日記」や「ポジティブ日記」をお休みしてください。なぜならば、寝る前にたくさんのことを考えると、脳の中がごちゃごちゃして、何も定着しなくなるからです。

「写文セラピー」で効果を出すコツは、「その一文と向き合う」ことです。なので、寝る前にそれ以外は考えない。

「写文セラピー」は、樺沢の知識、経験、そして「感謝日記」や「ポジティブ日記」の良いところをすべて凝縮して構築した最強のワークです。

つまり、「写文セラピー」をするだけで、「感謝日記」「ポジティブ日記」を書いているのと同じ、いやそれ以上の効果が得られますから、しばらく今の日記をお休みしても全く問題ありません。

4 夜のワーク「週の振り返り」

7日目には、「週の振り返り」をします。

朝と夜、3分ずつの写文セラピーを、7日間で1テーマずつ継続します。1週目であれば、「自己肯定感」がテーマ。7日間で、「自己肯定感」が身に付く仕組みです。**7日目の夜は、いつもより5分多く、8分の時間をとってください。**

通常の写文ワークの後に「週の振り返り」を行います。その週の最もお気に入りの言葉を選んだり、「自己肯定感」の習熟について振り返ることで、1週間の学びを整理します。「整理」は、そのまま「記憶の定着」につながります。

1週間の写文ワークでの気付き、学びが、「週の振り返り」によって、脳に完全にインストールされる、定着するというわけです。

写文ワークの1日目を「月曜日」から始めるとわかりやすいし、続けやすいです。1日ズレると気持ち悪いので、「サボらないようにしよう」とモチベーションが上がります。

月曜スタートにすると、7日目は日曜日になります。日曜日の夜、寝る前にそのテーマ最後の写文ワークと「週の振り返り」をします。

日曜日の夜というのは、「明日からまた仕事か……」と憂鬱な気分になりがち。「サザエさん症候群」とも言われますね。しかし、日曜日の夜に「週の振り返り」をすることで、「今週、サボらないで写文セラピーを続けた！」「継続できた自分は、凄い！　偉い！」とポジティブな気分になります。

「来週も1週間頑張るぞ！」と前向きな気分で、眠ることができるのです。

本書は、1週間で1テーマ。8テーマで終了。すなわち、8週間（2ヶ月）でコンプリートします。

「難しい」と思ったかもしれませんが、基本は朝3行、夜3行の写文をするだけです。

ただそれだけなので、本質はシンプルであり、極めて簡単です。

5 写文セラピー　応用編

8週間の写文セラピーを続けたあなたは、今の自分とは全く違った、前向きで幸せにあふれた自分と向き合います。

一方で、写文セラピーが楽しくなって、「もっと続けたい！」と思うはずです。

そんな上級者のために、「写文応用編」を用意しました。解説ページのいちばん最後に2つの言葉が書かれています。

8週間の写文セラピーを終えたあなたは、本書をもう一冊買うか、あるいは自分のオリジナルのノートを用意して、写文セラピーの「2巡目」に突入することができます。

そのときに、写文する言葉が「写文応用編」の①です。

一巡目と同じ言葉を書き写しても、あなたは「物足りなさ」を感じます。なぜならば、あなたはその言葉を完全に身に付けている。自分のものになっているからです。ですから、少しだけ難易度の高い、「チョイ難《むず》」の言葉を用意しました。

基本の名言に言葉を付け足したもの。別な表現で言い替えたものなど様々です。自分なりに言葉の意味を考え、咀嚼《そしゃく》しながら、写文2巡目をお楽しみください。

もし2巡目が終了したら……。3巡目をしたい、という人のために応用編の第二の言葉「②」を用意しました。あなたは本書一冊で8週間を3巡、なんと6ヶ月間も写文セラピーを実践することができるのです。

過去と他人は変えられない。でも、あなた自身は変えられます。

そのための最強ツールが、本書『写文セラピー練習帳』です。

さあ一緒に、写文セラピーを楽しみましょう！

［第一週］

自己肯定感

第一週 1日目

自己肯定感を高める言葉

声に出して読んでみよう

それでいい。今の自分でＯＫ！

獲得スキル

自己肯定感

自分で自分をいたわろう

音読 それでいい。今の自分、素の自分を、あるがままに肯定しよう。

今の自分でＯＫ《オーケー》！　ダメな自分でもＯＫ。完璧にならなくていい。自分を責めなくていい。だって、それが「あなた」だから。

誰からも認められなくても、自分だけは、自分を励《はげ》ますことができる。「自分」の最大の味方が「自分」です。

解説 一週目のテーマは「自己肯定感」です。「それでいい」はいたわりの言葉。まずは、自分で自分をいたわるのです。

自分自身をありのままに肯定し、尊重する感覚。自分を肯定する言葉をたくさん言う。書く。写文する。自分を否定する言葉を手放す。それだけで自己肯定感は高まります。

「それでいい」は、「ダメなままでいい」とは違います。今の自分を認めて、自分の足場を固め、エネルギーを蓄えるのです。

残念ながら日本人の90％は、自己肯定感が低い（樺沢調べ）。自己肯定感が高まれば、あなたは上位10％だけが持っているメンタルを手に入れられるのです。

写文応用編

①今の自分が好き！　今の自分で最高！

②今の自分は最高に輝いている！

朝

それでいい。今の自分でＯＫ！

夜

それでいい。今の自分でＯＫ！

今日のフィードバック

第一週 2日目

自己肯定感を高める言葉　声に出して読んでみよう

ありのままの自分は最高!

獲得スキル
自尊感情

自信がドンドンわいてくる

音読 「自分が最高!」「自分が好き!」「自分は大切な存在!」。自分で自分のことをどう思うかは、個人の自由です。

他人の目、評価はどうでもいい。あなたが「心の中」で、何を感じるのかは完全に自由なのです。自分を好きになっていいのです!

欠点や短所があるから、個性、多様性が出ておもしろい。ありのままの自分でいい。あなたはかけがえのない最高の存在。だから、言ってみましょう、「自分は最高!」。

解説 自己肯定感には、6つの「感」があります（P42）。それらを木に見立てて一つずつ育てていけば、イメージしやすく取り組みやすい。まずは、自己肯定感の「根」に相当する、「自尊感情」を高めましょう。

自尊感情とは、ありのままの自己を尊重し、受け入れる感覚です。英語では「Self-esteem《セルフエスティーム》」と言います。自分自信をどう評価するのか？　尊重、尊厳、ポジティブな感情で自己評価できる人が、自尊感情が高い人です。

「樺沢は最高!」と、〝自分〟の部分を自分の名前に置き換えて写文するのもいいですね。

写文応用編

①ありのままの自分が好き!
②私は、自分を愛する。

朝 夜 3分、書くだけで癒やされる

書き込み式 写文セラピー練習帳

（幻冬舎刊）

◆◆◆ 読者プレゼント ◆◆◆

「10回分の写文シート」

本書をお買い上げくださり、ありがとうございました。
あなたが感じた「写文セラピー」の効果はいかがでしたか？
本書の冒頭と最後にある写文前後の
「自分治癒力チェック」の結果を送ってください。
データが集積されましたら、それを集計し学術論文にして、
「写文セラピー」を世の中に広げていきたいと考えています。
是非とも、ご協力をお願いします。

ご報告いただいた方には、本誌に収録できなかった、
「10回分の写文シート」をプレゼントします。
あなたのさらなる自己成長にお役立てください。

「10回分の写文シート」プレゼントへの応募は、下記URLから。

https://kabasawa8.com/fx/therapy

※上記は予告なく終了する場合がございます。

朝

ありのままの自分は最高！

夜

ありのままの自分は最高！

今日のフィードバック

第一週 3日目

自己肯定感を高める言葉　声に出して読んでみよう

欠点も短所も自分の大切な個性。

獲得スキル
自己受容感

大切な自分を受け入れる

音読 自分を責めなくていい。ありのままの自分でいい。ありのままの自分を認めていい。

そして、受け入れよう。他人から受け入れられなくても、自分で自分を受け入れることは、今、この瞬間からできるのです。

欠点も短所も受け入れよう。欠点や短所は、ただの「特徴」。見方を変えれば「長所」であり、あなたの大切な「個性」なのです。

解説 ありのままの自分を認める感覚が「自己受容感」。自己否定を手放し、自己受容することが、自己肯定感を育む第一歩です。

多くの人は、自分の欠点、短所にこだわり、「自分はダメだ」と自己否定、自己卑下《ひげ》し、自分を責めて落ち込んでしまいます。

コンプレックス（劣等感）はすべての人にあります。それを自分で責めて疲弊するのではなく、自分でいたわる。自分で癒やせるように、自分治癒力を高めていくのです。

「それでいい」（1日目）は、自己受容を進める言葉でもあります。自分を受け入れる気持ち、いたわる気持ちを意識して、写文しましょう。

写文応用編

①私は私で良い。
②私は、今の自分を受け入れる。

朝

欠点も短所も自分の大切な個性。

夜

欠点も短所も自分の大切な個性。

今日の
フィードバック

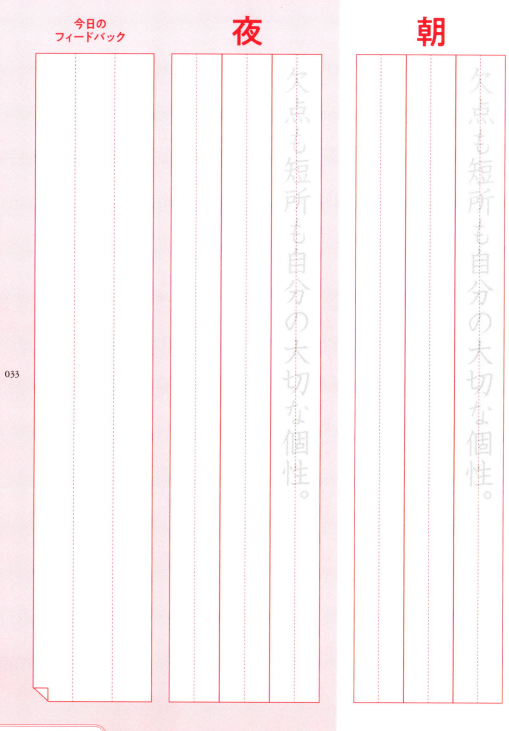

第一週 4日目

私はできる！やればできる！

獲得スキル
自己効力感

無限の可能性が生まれる

音読 「私はできる！　やればできる！」と言えば言うほど、「自分にできそうだ」と思えてくる。力がみなぎり、自信がドンドンわいてくる。そして、本当にできてしまう。

自分に自信がない人ほど、「私はできる！」を口ぐせにしよう。自分の可能性を信じよう。あなたは、無限の可能性を持っている。

解説 「私はできる！」は、「自己効力感」を高める言葉。自己肯定感の6つの「感」の2つ目が、木の「枝」に相当する自己効力感です。

自分は目標を達成するための能力を持っている。「自分ならできる」「きっとうまくいく」という感覚です。自信やチャレンジする気持ちとも関連します。

「無理」と言うほど無力感は高まり、無気力になります。「無理」「できない」と言いそうになったときにこそ、「私にはできる！」と声に出し、書いてください。

成功した自分、うまくいっている自分をはっきりとイメージして写文しましょう。周囲の人に「あなたならできる」という声がけをしてもいいですね。

写文応用編

① **きっとうまくいく。必ずうまくいく。**
② **うまくいっている。すべてがうまくいっている。**

朝

私はできる!! やればできる!!

夜

私はできる!! やればできる!!

今日のフィードバック

第一週
5日目

自己肯定感を高める言葉

声に出して読んでみよう

他人の顔色はどうでもいい！ 自分の道を信じて進め！

獲得スキル

自己信頼感

自分を信じられるのは、自分だけ

音読

自分を信じないで、誰を信じますか？誰からも信じられなくても、せめて「自分」だけは、自分を信じていたい。いや、信じるべきです。自分は、自分の最高の応援団。もっと自分で、自分を励まそう。もっと自分を大切にしていい。

最もかけがえのない存在、それが「自分」です。

あなたには唯一無二の価値と能力がある。だから、自分を信じてみよう。あなたには、全力で信じるべき価値があるのです。

解説

「自己信頼感」とは、自分を信じられる感覚。自分自身を信頼し、自分の能力や価値を信じ、目標に向かって行動できること。自己信頼感が高まり、自然に自分を信じることができると、「自分にはできるはず」という「自信」が自然とわいてきます。

「信じる」のは個人の自由です。誰にも遠慮や忖度《そんたく》する必要はありません。他人の顔色は気にしない。あなたの人生は、自分の意思で決める。その第一歩が、世界にたった一人しかいない、価値ある自分を信頼することです。

写文応用編

①（　　　）は、自分の力を信じる。

②自分は、自分の最高の応援団。

※（　）内は、自分の名前

朝

他人の顔色はどうでもいい！ 自分の道を信じて進め！

夜

他人の顔色はどうでもいい！ 自分の道を信じて進め！

今日の
フィードバック

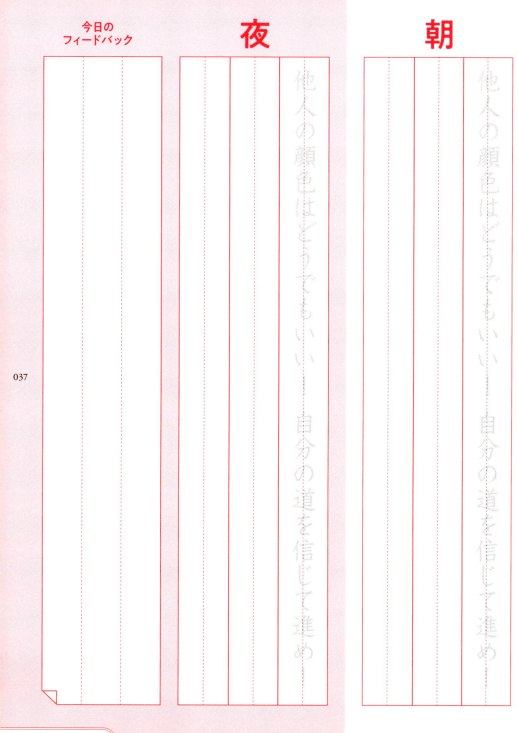

第一週 6日目

自己肯定感を高める言葉

声に出して読んでみよう

自分で考え、自分で決断し、自分で行動する。

獲得スキル

自己決定感

自分の人生を生きろ！

音読 自分の人生は、自分で決めていい。自分の人生なので、自分で決めるべきです。他人の顔色ばかりうかがうのはやめよう。「他人の人生」ではなく、「自分の人生」を生きよう。その方法が「自分で考え、自分で決断し、自分で行動する」こと。失敗したら、自分で責任を取ればいいだけ。

迷っているのが、いちばんの時間のムダ。

解説 自分で決定できるという感覚を「自己決定感」といいます。6つの「感」の5番目、「花」に相当します。自分の意思で行動を選択し、その結果に対して責任を持つこと。自己決定感が高まれば、他人の意見に引っ張られて、ぐらぐらと迷うこともなくなります。「自己受容」も「自己信頼」も、自分の脳内世界の話。現実世界を変えるためには、行動（アウトプット）が必要となります。その手前に存在するのが「決定と決断」です。

決められないことは、行動できない。何をするにしても、まず「やるぞ！」と決めてから行動するはず。決定と決断ができれば、現実はドンドン進むのです。

写文応用編

①自分の人生は、自分で決めていい。

②決められないのは時間のムダ。人生のムダ。

朝

自分で考え、自分で決断し、自分で行動する。

夜

自分で考え、自分で決断し、自分で行動する。

今日のフィードバック

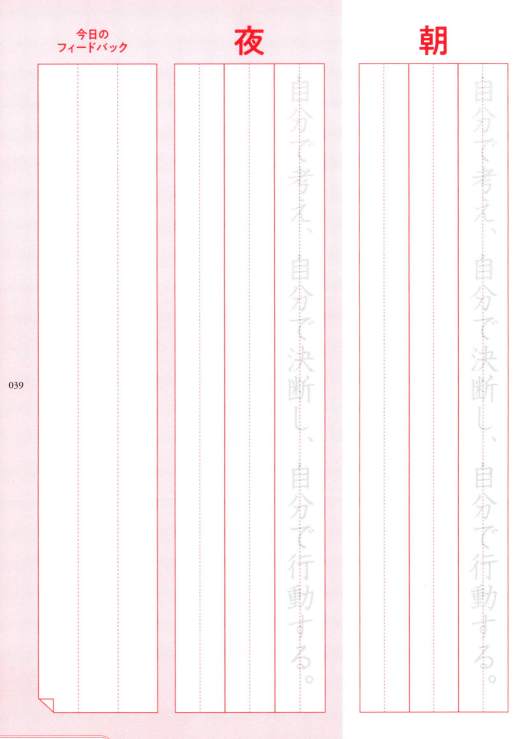

第一週 7日目

自己肯定感を高める言葉

声に出して読んでみよう

私は誰かの役に立っている。

獲得スキル

自己有用感

あなたの存在には意味がある！

音読 あなたは誰かの役に立っている。あなたの存在には意味がある。あなたの存在は、間違いなく社会に貢献しています。

あなたと一緒にいるだけで「楽しい」「癒やされる」という人が必ずいます！

意識して人の役に立とう。困っている人がいれば助けよう。親切にする。気づかいの言葉をかける。どんなに小さなギブでも、相手の役に立つのです。人の役に立つほど、自分の大切さに気付くようになります。

解説 自分は何かの役に立っているという感覚が「自己有用感」。6つの「感」の6番目、木に喩《たと》えると「実」に相当します。花を咲かせ、実がなって、はじめて収穫のときを迎えます。そのとき、6つの感から成る自己肯定感がコンプリートするのです！

「自尊感情」「自己受容」という自身の内面の洞察からはじまり、ついに人や社会に目を向けられる余裕が生まれたということ。

「自分は人の役に立っている」と思えたなら、あなたの自己肯定感は十分に高まり、行動化も進んでいる証拠です。

写文応用編

①私は（　）の役に立っている。

②もっと社会に貢献したい！　貢献しよう！

※具体的な言葉を（　）に入れてみよう

朝

私は誰かの役に立っている。

夜

私は誰かの役に立っている。

今日の
フィードバック

第一週
「自己肯定感」の振り返り

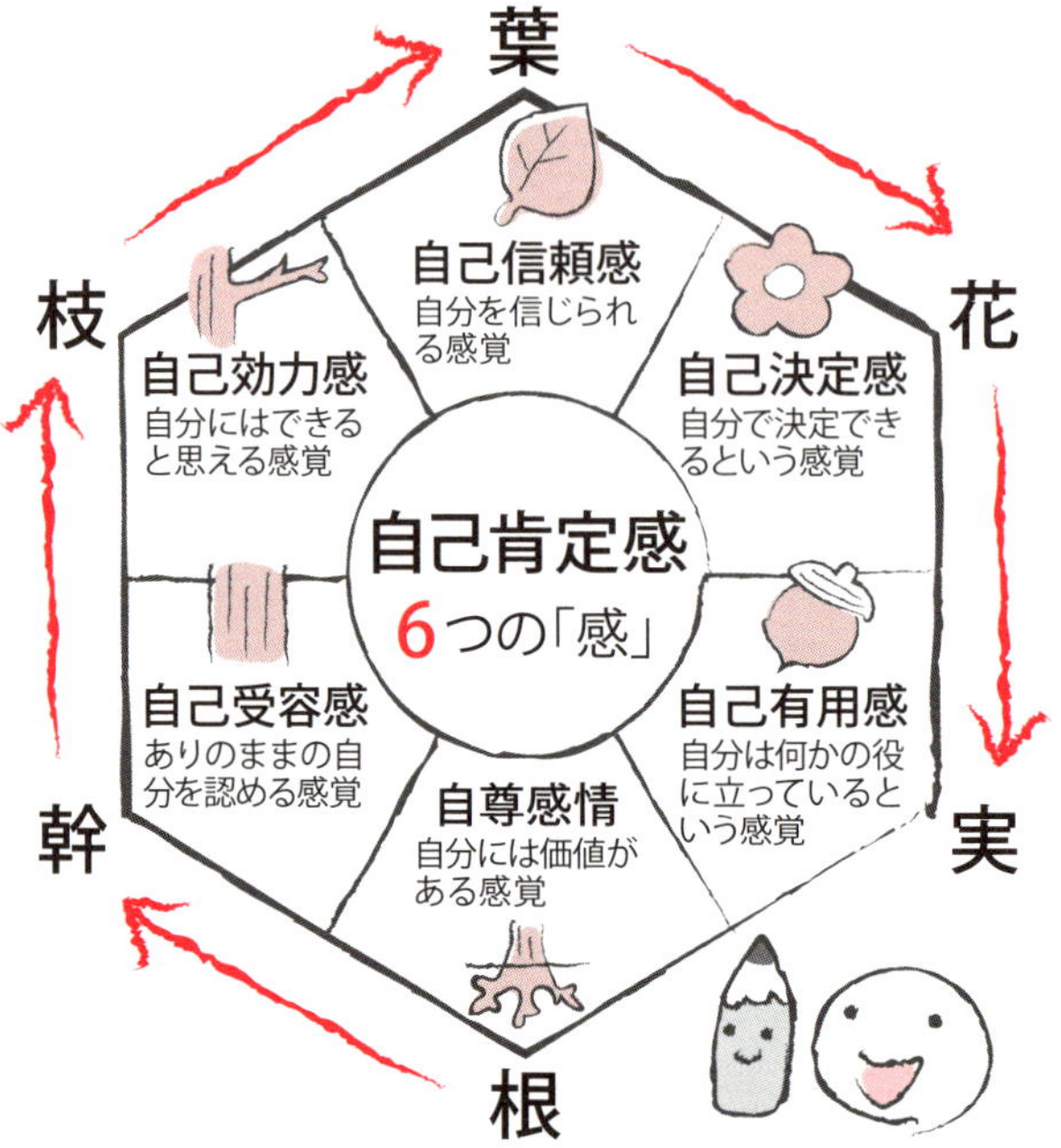

自己肯定感とは、非常にぼんやりとした言葉で、捉えどころがない気がします。しかし、「6つの感」に細分化し、それらを表す典型的な「言葉」を写文することで、「自己肯定感とは何か？」について体感しながら理解できたはずです。

「それでいい！」「ありのままの自分が最高！」「私はできる！」といった言葉をつぶやく、書くだけで、力がみなぎるのを感じましたね？　ポジティブな感情に満たされたはずです。これらの言葉が普段の生活の中でも自然に出るようになれば、それは自己肯定感が高まっている証拠です！

自己肯定感が高まると、同時に自信がわいてくる。他人の顔色をいちいち気にしなくなる。自分で考えて、自分で決断し、自分で行動できるようになります。挑戦だって怖くない。「他人の人生」ではなく、「自分の人生」が生きられるようになります。

自己肯定感はすべての心理スキルの基本です。まだ不十分だと感じる方は、何度も復習して写文してください。

カッコ内に自分の名前を入れて、写文してください。

（　　）は自己肯定を１週間実践した。

（　　）は自己肯定と「６つの感」を理解した。

（　　）の自己肯定感は高まった。

おめでとうございます！

あなたの自己肯定感は、この１週間で飛躍的に高まりました。自己肯定は、自分一人でできるのです。他人は関係ありません。自己肯定感を高める言葉を口癖にしましょう。

言葉を変えれば、内面も変わる。間違いない！

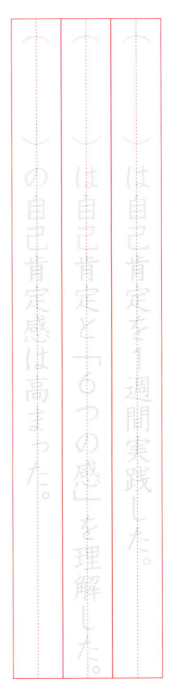

【今週のお気に入りの言葉】 今週の7つの言葉のうち、最も心に響いた言葉を、一つ写文しましょう。あなたの心を揺さぶるこの言葉を大切にして、暇があればつぶやいてみる。または写文してみるといいでしょう。

【1週間の振り返り】 1週間の写文を振り返り、「印象に残ったこと」「自己成長」「自分の変化」など、気付きを3つ書いてみましょう。

【自作名言】 自己肯定感に関する気付きを1行、名言風に書いてみましょう。

［第二週］
レジリエンス

第二週 1日目

レジリエンスを高める言葉　声に出して読んでみよう

もっと失敗しよう。失敗は成長のチャンス！

100回失敗しよう

音読

失敗が多い人ほど、人生はうまくいく！　失敗を怖《おそ》れる人は多い。でも、失敗は悪いことではありません。振り返ってみて、フィードバックすることで、失敗は経験に変わります。

失敗すればするほど、失敗を経験に変えるほど、あなたは成功に近づいていきます。

失敗を怖れる人は、チャレンジしない。だから、自己成長もできません。

「失敗は成功のもと」は圧倒的に正しい。「失敗してはいけない」と怖れる心を手放そう。

解説

レジリエンスを直訳すると、バネが元に戻る「弾性力・回復力」という意味になります。転じて、挫折したときに立ち直る力、落ち込んだときに回復する力、つまり「心の回復力」を指します。

挫折から立ち直るためには、挫折した経験が必要です。10回挫折すれば、「10回立ち直る練習」ができる。レジリエンスが鍛えられるのです。だから失敗していい。

１００回失敗すれば、あなたのレジリエンスは最高レベルに高まります。

写文応用編

①失敗は、フィードバックで経験に変わる！
②失敗を怖れない。いや、失敗した方がいい。

獲得スキル
回復力

朝

もっと失敗しよう。失敗は成長のチャンスー

夜

もっと失敗しよう。失敗は成長のチャンスー

今日の
フィードバック

第二週 2日目

レジリエンスを高める言葉　声に出して読んでみよう

自分と向き合う。自分を観察する。

獲得スキル　自己理解

自分がわかれば、取扱説明書《トリセツ》ができる

音読　もっと自分と向き合おう。あなたは、素晴らしい人間だ！　しかし、しっかり自分を観察しないと、それが見えてこない。あなたには長所が山ほどあるのに、観察しない限りは、一つも気付けない。

　自分の「考え方のクセ」「認知の歪《ゆが》み」に気付こう。自分の取り扱い方法が見えてくる。「他人の顔色」よりも「自分の心」を観察しよう。あなたの「考え」や「感情」をもっと理解しよう。そして、大切にしよう。あなたは唯一無二の存在だから。

解説　「自己理解」は、レジリエンスの基本です。自分の欠点、弱点がわかれば、対応できる。自分の苦手な状況や苦手な人を避けることができる。自分の長所や能力を活かすことができます。

　自己理解が進むと、自分の取扱説明書《トリセツ》が作れます。そして、自己受容、自己信頼が進み、自尊感情や自己肯定感も高まります。

　自己理解を深めるためには、日記が効果的です。そして、写文セラピーも、自己理解を圧倒的に進めます。

写文応用編

①「できないこと」より「できたこと」を観察しよう。
②人は自分の内面からしか、何かを得ることはできない。（ゲーテ）

朝

自分と向き合う。自分を観察する。

夜

自分と向き合う。自分を観察する。

今日のフィードバック

第二週
3日目

レジリエンスを高める言葉

声に出して読んでみよう

０／１００《ゼロ・ヒャク》思考を手放そう。

完璧を目指さない。ボチボチでいい

音読 完璧主義を手放そう。完璧な人なんていません。１００点じゃなくていいのです。70点で十分。ボチボチでいいのです。

０か１００か、ではない。60や70もあるのです。白か黒か、だけではない。中間のグレーがあっていいのです。

あなたはよくやりました。「結果」はどうあれ、70点以上は頑張りました。

解説 ０か１００か、白か黒かで考えてしまうことを、「０／１００《ゼロ・ヒャク》思考」「白黒思考」「二分法的思考」といいます。メンタルが疲れやすい人に共通する考え方の癖です。もっと楽に考えていいのです。人生50点も70点もあります。平均点がとれていれば凄いことです。

物事を先入観なく見ることを「ニュートラル（中立の視点）」といいます。ほとんどの人は余計なことを勝手に思い込んで、無駄に疲れていきます。目の前の物事はあるがままに見ればいいのです。

０／１００思考をする人は全体の約８割（樺沢調べ）。０／１００思考を手放せば、あなたのメンタルは上位２割に入ります。

獲得スキル

ニュートラル

写文応用編

①完璧じゃなくていい。ボチボチでいい。
②あるがままに見る。先入観なく見る。

朝

0/100思考を手放そう。

夜

0/100思考を手放そう。

今日の
フィードバック

第二週 4日目

レジリエンスを高める言葉

声に出して読んでみよう

まあいいか、なんとかなる。

獲得スキル

楽観性

ストレスは受け流せばいい

音読 起きたことは、しょうがない。今に集中して、やれることをやっていこう。「まあいいか」の一言で、過去の失敗がスーッと消えていく。「まあいいか」の一言で、失敗による心のダメージは一瞬でなくなります。

過去は変えられない。しかし、ネガティブ感情は、きれいサッパリ流せます。さっさと受け入れて、次に進みましょう。

死んだわけでもないし、100万円失ったわけでもない。そこにとらわれて「時間」を失う方がもったいない。

解説 レジリエンスとは「心のバネ」。失敗しても落ち込まずに、すぐに立ち直る「心の回復力」。物事を楽観的にとらえる力（「楽観性」）によって、「心のしなやかさ」が生まれます。

こだわらない。引きずらない。感情的にならない。楽観性で、仕事のパフォーマンスも上がり、良いことずくめ。ただし、「受け流す」練習は必要です。

失敗した人に「まあいいから、今できることをやろう！」と声がけするのもいいですね。

写文応用編

①まあいいか、そんなこともある。

②まあいいか。それはそれとして……。

朝

まあいいか、なんとかなる。

夜

まあいいか、なんとかなる。

今日のフィードバック

第二週
5日目

レジリエンスを高める言葉

声に出して読んでみよう

のれんのように受け流す。

獲得スキル

スルー力《りょく》

悪口や攻撃はフワッと受け流せる

音読 あなたはのれんです。「のれんのように受け流す」と心が楽になる。嫌な出来事を、簡単にスルーできます。

のれんのような「フワッとした感覚」「ヒラリとなびく感覚」を思い出そう。

嫌なことを言われたら、「自分はのれん」とつぶやいてみる。仏様になった気持ちで、「あーそうですか」と柔らかに受け流す。

のれんのイメージがあれば、何があっても大丈夫。笑顔で、余裕でスルーできます。

解説 大男がのれんを全力でパンチしても、穴を開けたり破いたりダメージを与えることはできません。あなたの心も「のれん」のように柔らかくしておけば、どんな誹謗《ひぼう》、中傷、悪口も気にならなくなります。

「スルー力《りょく》」は、レジリエンスの重要な要素。しかし、嫌なことがあるとスルーできない人がほとんどです。怒りで応戦、反撃するほどストレスは強まります。怒りの物質「アドレナリン」は記憶増強作用が強いからです。抗《あらが》わない。のれんのイメージトレーニングで、ストレスは必ず軽くなります。

写文応用編

①そんなこと、気にしない。
②嫌なことは、笑顔でスルー。

朝

のれんのように受け流す。

夜

のれんのように受け流す。

今日の
フィードバック

第二週 6日目

レジリエンスを高める言葉　声に出して読んでみよう

プランBで行こう!

獲得スキル
精神的敏捷性

「転ばぬ先の杖」を用意する

音読 計画がうまくいかなくても、落ち込むことはありません。事前に「プランB（代替《だいたい》案）」を用意しておいて、すみやかに移行しよう。その臨機応変さがあれば、失敗のダメージを最小に抑えることができます。マイナスを取り戻すことだって可能です。

人生、とんとん拍子でうまくいくことなどありません。事前に、様々な可能性を考えておくだけで、冷静に次の対応ができます。

解説 物事を多面的かつ迅速にとらえ、柔軟に対応する能力「精神的敏捷性《びんしょうせい》（Mental Agility）」は、レジリエンスの重要な要素です。一言で言えば「対応力」「臨機応変」。

映画で、作戦が行き詰まったとき仲間に「プランBはあるのか?」と尋ねるシーンがよくあります。失敗か成功かではなく、うまくいかなければ、いつでも修正すればいい。第二案、プランBに移行すればいい。

事前に「心の準備」をしておけば、いちいち落ち込み、凹むこともありません。「他にできることはないのか?」という問いかけで、プランBが見えてきます。

写文応用編

①臨機応変に対応する。柔軟に対応する。
②多様性を認める。多面的に捉える。

朝

プランBで行こう！

夜

プランBで行こう！

今日のフィードバック

第二週 7日目

レジリエンスを高める言葉

声に出して読んでみよう

困ったら、人に相談する。

獲得スキル

つながり

つながりが、あなたを癒やす

音読

悩みは、あなた一人で解決しなければいけない、なんて決まりはありません。困ったら、助けを求めていい。いや、助けを求めるべきです。

困ったら、まずは人に相談しよう。

解決困難な問題も、話すだけで心がスッキリします。頭が整理される。感情のガス抜きができる。話すだけで、癒やしのホルモン「オキシトシン」が分泌します。それだけで、ストレスの9割は解消します。

コミュニケーションは「癒やし」です。

解説

「つながり」も、レジリエンスの重要な要素です。困難な状況やストレスに柔軟に対応し、立ち直るのに、すべて自分一人でやる必要はありません。

人に頼る、人に相談する、それもレジリエンスです。自分一人で抱え込むのをやめましょう。一人では解決できない問題も、仲間の応援、協力、助けがあればなんとかなるはず。解決に必要な時間も短縮できます。

今日の課題、あなたの悩みを誰かに相談してみましょう。

写文応用編

①悩みは、一人で抱えない。

②お願いしていい。助けを求めていい。

朝

困ったら、人に相談する。

夜

困ったら、人に相談する。

今日のフィードバック

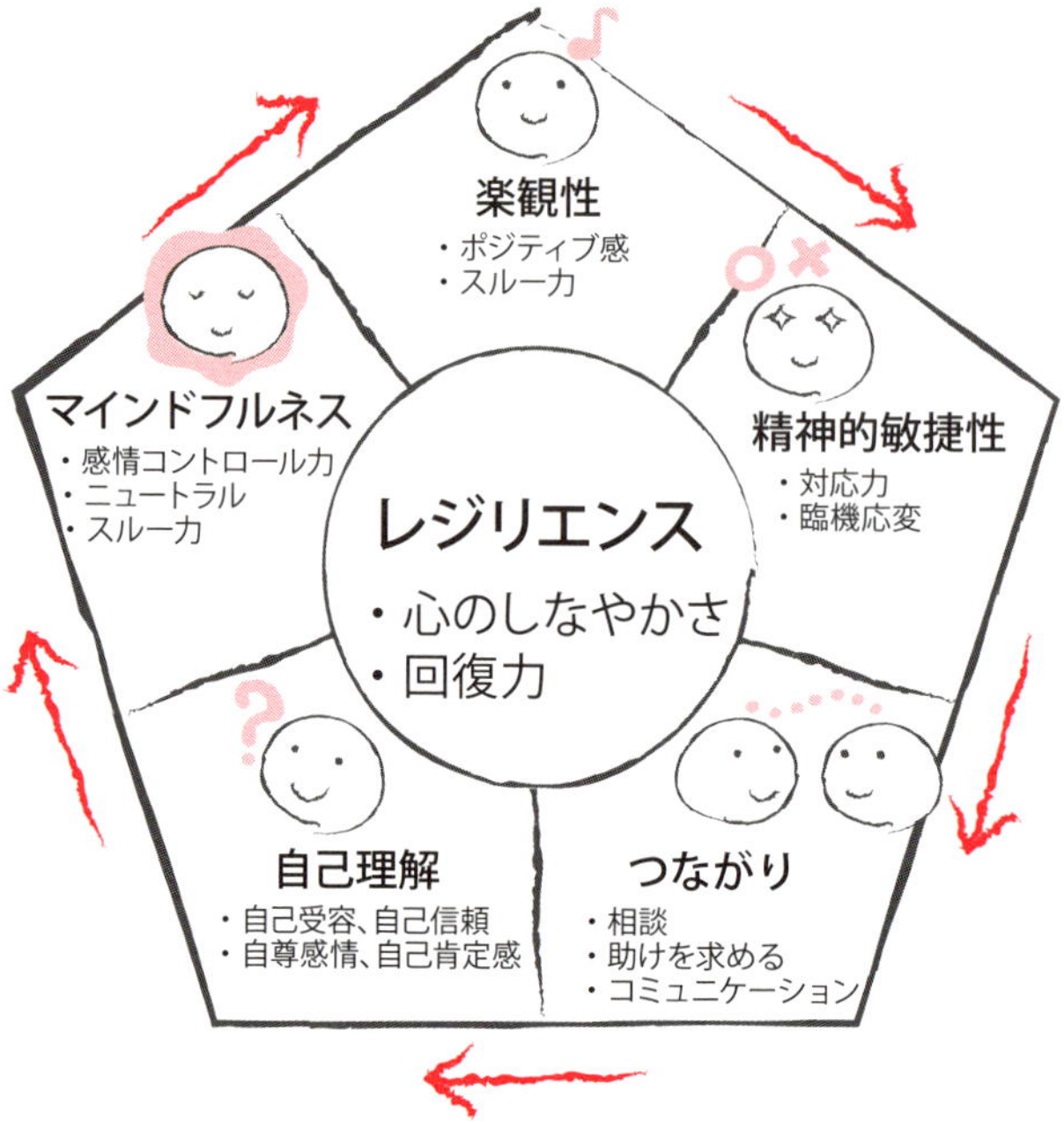

第二週 「レジリエンス」の振り返り

レジリエンスは、５つの要素で構成されています。「自己理解」（２日目）、「マインドフルネス」（第三週のテーマ）、「楽観性」（４日目）、「精神的敏捷性」（６日目）、「つながり」（７日目）の５つ。

まずは自分と向き合い「自己理解」を進めます。すると、自己受容が進み、自尊感情が高まります。次に、「マインドフルネス」で「今、ここ」に集中し、物事を冷静に「ニュートラル」に観察する。そうすると、「今の状況は、それほどひどくない」と楽観的に考えられます。すると、臨機応変な対応ができる。精神的敏捷性、対応力がアップします。一人でどうにもできなければ、仲間や友人に相談する、助けを求めればいいのです。

このサイクルを繰り返すことで、あなたのレジリエンスは飛躍的に高まります。

これからも日々の仕事、生活で、レジリエンスのサイクルを意識しましょう。

カッコ内に自分の名前を入れて、写文してください。

（　　）はレジリエンスを1週間実践した。

（　　）はレジリエンスを理解した。

（　　）のレジリエンスは高まった。

おめでとうございます！

あなたのレジリエンスは、この1週間で飛躍的に高まりました。レジリエンスが高いと、ストレスを華麗にスルーできます。

ストレスで苦しくなったときは、レジリエンスの名言を思い出す、つぶやく、写文をしましょう。

【今週のお気に入りの言葉】今週の7つの言葉のうち、最も心に響いた言葉を、一つ写文しましょう。あなたの心を揺さぶるこの言葉を大切にして、暇があればつぶやいてみる。または写文するといいでしょう。

【1週間の振り返り】1週間の写文を振り返り、「印象に残ったこと」「自己成長」「自分の変化」など、気付きを3つ書いてみましょう。

【自作名言】レジリエンスに関する気付きを1行、名言風に書いてみましょう。

［第三週］
マインドフルネス

第三週 1日目

マインドフルネスを促す言葉

声に出して読んでみよう

今を生きる。今にフォーカスする。

今に集中すれば、不安は消える

音読 過去を考えると後悔がわき、未来を考えると不安になる。「今、ここ」に集中できれば、心は必ず平穏になる。

余計なことを考えずに、今にフォーカスしよう。今、この瞬間を楽しもう！　今、この瞬間を味わおう！

過去に生きるのは、時間の無駄。今を生きるのです。

解説 「今を生きる」は、樺沢の座右の銘。本書の56個の名言の中でも、最もお気に入りの言葉です。

マインドフルネスとは、「今、ここ」に集中した状態のことです。つまり、「今、ここ」「今にフォーカスする」は、マインドフルネスの本質を表す言葉。マインドフルネスの状態では、過去や未来のことは考えない。心配事や雑念も頭の中から消えるので、究極のストレスフリーの状態といえます。

写文セラピーは、格好のマインドフルネスのトレーニングです。たった3行を写文している間だけでも、「書き写す」ことに集中できれば、それがマインドフルネスです。

写文応用編

①今、すべきことに全集中。
②今、できることは何？

獲得スキル

今、ここ

朝

今を生きる。今にフォーカスする。

夜

今を生きる。今にフォーカスする。

今日の
フィードバック

第三週 2日目

マインドフルネスを促す言葉　声に出して読んでみよう

それはそれとして、今できることは？

気持ちを切り替え、行動に集中する

音読「今、ここ」に集中しよう！　といっても、ほとんどの人は雑念に引っ張られます。過去への後悔、未来への不安、わき上がるネガティブ感情……そんなときは、「それはそれとして」に続けて、「今できることは？」と声に出してみましょう。今できることを一つひとつ丁寧にやっていく。それしかない！

無用な不安や心配から解き放たれ、心は穏やかになります。

解説「それはそれとして」は、仏教研究家の鈴木大拙《だいせつ》氏が、よく用いた言葉として知られます。問題の次元を切り替えて、それまでの感情や思考を、否定も肯定もせず、ニュートラルに受け流すことができます。

脳の注意を、目の前にある「今」にフォーカスする。雑念をスーッと受け流して「今」に立ち返る、究極の切り替えワードです。自分にも他人にも、非常に使いやすい言葉です。

脳は過去に執着し、未来に怯《おび》えています。脳の注意を、「現在」「今この一瞬」に持ってくる。つまり、この言葉で意識を「今にチューニングする」ことができるのです。

獲得スキル
今、ここ
切り替え力

写文応用編

①今、コントロールできることに全集中。
②言葉で気持ちは切り替わる。

朝

それはそれとして、今できることは？

夜

それはそれとして、今できることは？

今日の
フィードバック

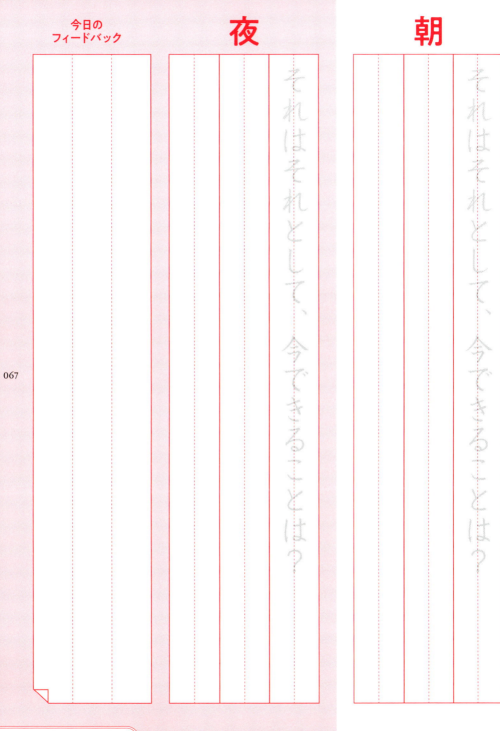

第三週 3日目

マインドフルネスを促す言葉

声に出して読んでみよう

人間は思っているよりも、はるかに深く広大。

獲得スキル 自己理解

自己洞察で、本当の自分を発見しよう

音読 人間は、思っている以上に奥深い存在です。自己探求にキリはない。あなたには、無限の可能性があります。それを発見できるのは、あなただけです。

自己洞察で「自己理解」を深めよう。もっと自分自身と向き合って、あなたの中のポジティブな一面を発見しよう。今はまだ気付いていない輝く個性や能力が必ず見つかります。

解説 心理学者カール・ユングによるこの言葉は、人間の心の奥深さを示唆し、自己探求の必要性を説いています。

私たちは、自分で自分を理解しているつもりになっていますが、人の心の9割は「無意識」です。つまり自分で意識、認識しているのはたったの1割で、自分について9割もわかっていない。そこを掘り下げて、探求していくことで、本当の自分が見えてきます。

マインドフルネスの目的の一つが、自己理解を深めること。「今、ここ」に集中し、雑念を排除し、ありのままの自分と向き合うのです。「自己理解」を意識しながら、写文をしてください。効果が何倍にもなります。

写文応用編

①他人のことより、自分の内面に目を向けよう。

②自分を観察しよう。自己洞察しよう。

朝

人間は思っているよりも、はるかに深く広大。

夜

人間は思っているよりも、はるかに深く広大。

今日のフィードバック

第三週 4日目

マインドフルネスを促す言葉

声に出して読んでみよう

「気付き」は何？何に気付いた？

「気付き」で、人は成長する

音読 気付かなければ、今日のあなたは、昨日と同じ。気付くことで、あなたは新しく「変化」する。小さな気付きでも、脳の回路がつなぎ替わり、あなたは成長します。「気付き」は、あなたの成長を飛躍的に加速させるのです。

だけど、意識しないと気付けない。本を読んだら、人と話したら、気付きは何？　どんな気付きを得た？　と常に自問自答しよう。気付きを絞り出す。ひねり出すのです。

解説 「気付き」とは、今まで見落としていたことや、新たな視点から物事を見ること。日常の些細な出来事に新しい意味を見出す。自分の行動や考え方に疑問を持つことで、改善点が見つかるようになるのです。

気付きも、マインドフルネスの目的の一つ。気付きを得るために、瞑想《めいそう》し、五感を研ぎ澄まし、観察し、自分と向き合います。

今日はどんな気付きを得たか？　日々の出来事から様々な気付きを得ることは可能です。

毎日の写文をしながら、今日の気付きを考えてみてください。気付きを意識した写文は効果が倍増します。

獲得スキル

気付き

写文応用編

①「気付き」を3つ書こう！

②気付いたら言語化する。記録に残す。

朝

「気付き」は何？　何に気付いた？

夜

「気付き」は何？　何に気付いた？

今日の
フィードバック

第三週 5日目

マインドフルネスを促す言葉

声に出して読んでみよう

ニュートラルに見る。あるがままに見る。

獲得スキル

客観的観察力

非判断

良い悪い、好き嫌いは、後回しにする

音読 あるがままに見よう。観察することに集中する。そうすると自然に「怒り」や「不安」は消えていく。思考や感情に、良いも悪いもないのです。好き嫌いの感情は、とりあえず後回し。

抑えきれない怒りの感情さえも、あるがままに観察すれば「なんだ、そんなことか」と思えてくる。「今、ここ」、目前で起きている現象だけを見るのです。あるがままに見るほど、不思議と気分は落ち着きます。

解説 マインドフルネスの実践において、「客観的観察」と「非判断」は非常に重要な概念です。思考、感情、身体感覚など、あらゆる経験に対して、良い悪い、好き嫌いといった評価をせずに、ニュートラルに、中立的に、そのまま観察するのです。

先入観があると、認知が歪《ゆが》められ、間違った判断をしてしまいます。あるがままに見ることで、多くの「気付き」が得られます。

最初は難しいですが、モニターに映った自分を見ている感じ。自分がそこに存在しない第三者のイメージで観察するのがコツです。

写文応用編

①事実と感情を切り離す。
②「この人、怒っているな」

※客観的に観察しているイメージで

朝

ニュートラルに見る。あるがままに見る。

夜

ニュートラルに見る。あるがままに見る。

今日のフィードバック

第三週 6日目

マインドフルネスを促す言葉

声に出して読んでみよう

緊張したら呼吸を意識する。

獲得スキル

整える

リラックス

448呼吸法で、気分は安らぐ

音読 呼吸でメンタルはコントロール可能です。浅く早い呼吸で緊張は強まり、深くゆっくり息を吐くと「リラックス」できます。

ストレスを感じたら、まず深呼吸しよう。

あれこれ考えずに「今、息を吸っている」「今、息を吐いている」と、「呼吸」に全集中することで雑念は消えていきます。

解説 マインドフルネスは、心と身体をリラックスさせた状態で行うのが望ましい。逆にマインドフルネスを実践することで、心と身体はリラックスした状態になります。

深呼吸とは、簡単そうですが、実は練習しないとできません。簡単かつ効果が大きいのが「448呼吸法」。4秒で息を吸い、4秒息を止めて、8秒で均等に息を吐く。胸呼吸ではなく、横隔膜の上下を意識した腹式呼吸で行います。「1、2、3、4」というカウントと呼吸だけに意識を向けます。毎日寝る前にこの呼吸法を3回行うだけで、睡眠が改善します。深呼吸するだけで、自律神経を副交感神経（リラックスの神経）に切り替えることができます。血圧降下作用もあります。

写文応用編

①呼吸が整うと、心は整う。

②呼吸の観察が、自己観察の第一歩。

朝

緊張したら呼吸を意識する。

夜

緊張したら呼吸を意識する。

今日のフィードバック

第三週 7日目

マインドフルネスを促す言葉

ボーッとしていい。もっとボーッとしよう。

声に出して読んでみよう

獲得スキル

リラックス

何もしないと脳は活性化する

音読 ボーッとするのは悪いことではありません。ボーッとするのは脳の休養！ 脳をこき使うのはやめましょう。スマホは脳を疲れさせる。スマホを手放して、ボーッとする時間を増やしましょう。

　脳は休ませるほど活性化します。つまり集中力、記憶力、創造性が高くなる。ボーッとする時間を増やすだけで、あなたの能力は何倍も発揮されます。

解説 マインドフルネスの逆の状態を、「マインドワンダーリング」と言います。「今、ここ」とは真逆で、注意が散漫で、心がさまよっている状態。頭の中は不安、心配、雑念、ネガティブな情報や感情で渦巻いています。

　そんなときこそボーッとするのです。仕事帰りの電車の中でスマホは見ない。

　一ヶ月に5時間は、自然の中で過ごすことを意識しよう。頭を空《から》っぽにして、「今、ここ」に集中できれば、脳は「リラックス」して休むことができるから、ストレスも消えていく。公園のベンチで緑を見ながらボーッとすることができたら最高です。

写文応用編

①ボーッとすると脳は活性化する。

②月5時間自然の中で過ごすと、ストレスの大部分は消える。

朝

ボーッとしていい。もっとボーッとしよう。

夜

ボーッとしていい。もっとボーッとしよう。

今日のフィードバック

第三週「マインドフルネス」の振り返り

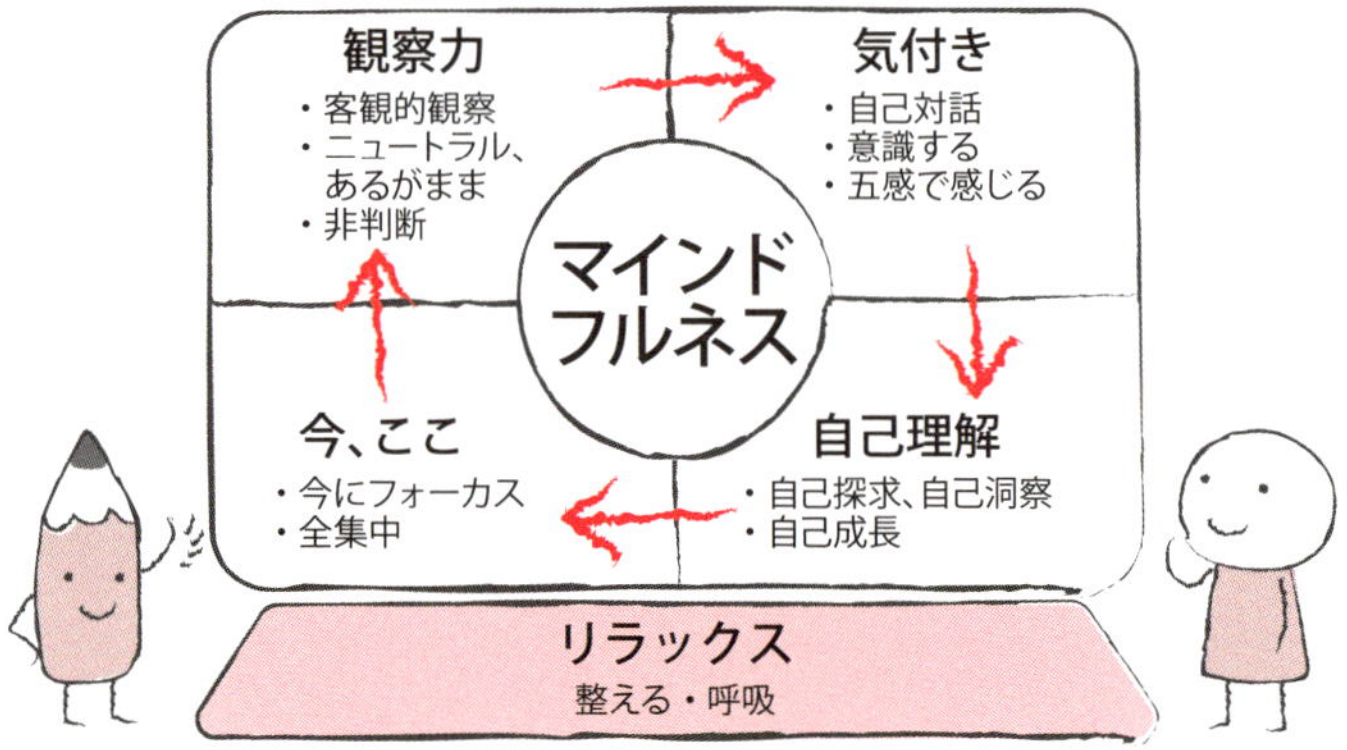

マインドフルネスとは、単なる瞑想、リラックスの方法ではありません。「今、この瞬間に意識を向け、自分自身と周囲の世界をありのままに受け入れること」です。マインドフルネスは、4つの要素で構成されています。それが「今、ここ」（1、2日目）、「観察力」（5日目）、「気付き」（4日目）、「自己理解」（3日目）の4項目。

まずは「今、ここ」に集中する。先入観を持たずに、あるがままに自分を観察する。外の世界を客観的に見る。そこから得られる「気付き」が重要。結果として自己対話が進み、自己理解が深まります。

マインドフルネスは、自分自身を深く理解し、より豊かな人生を送るための実践的な方法です。そして写文は、自己理解を深めるのに非常に効果的な方法なのです。自分はどう思うか。どう考えて、どう感じたのか。自分と向き合い、自分をもっと観察するのです。

第四週からは、「今、ここ」「観察力」「気付き」「自己理解」の4つを意識しながら、写文していきましょう。

カッコ内に自分の名前を入れて、写文してください。

（　　　　）はマインドフルネスを1週間実践した。

（　　　　）はマインドフルネスを理解した。

（　　　　）はマインドフルネスを身に付けた。

おめでとうございます！

あなたのマインドフルネスは、この1週間で飛躍的に高まりました。マインドフルネスによって、雑念、ストレス、ネガティブな感情が消えていきます。

マインドフルネスを意識しながら写文することで、さらに効果を高めていきましょう。

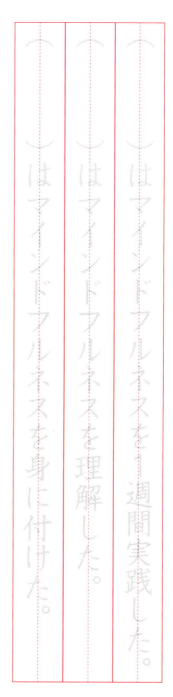

【今週のお気に入りの言葉】 今週の7つの言葉のうち、最も心に響いた言葉を、一つ写文しましょう。あなたの心を揺さぶるこの言葉を大切にして、暇があればつぶやいてみる。または写文してみるといいでしょう。

【1週間の振り返り】 1週間の写文を振り返り、「印象に残ったこと」「自己成長」「自分の変化」など、気付きを3つ書いてみましょう。

【自作名言】 マインドフルネスに関する気付きを1行、名言風に書いてみましょう。

［第四週］
アウトプット

第四週 1日目

インプットとアウトプットで自己成長する。

獲得スキル

アウトプット力《りょく》

アウトプットで脳は活性化する

音読 自己成長したければ、やるべきことはただ一つ。インプットしたら、アウトプットする。それを繰り返すのです。

インプットとは、「読む」「聞く」「見る」。アウトプットとは、「話す」「書く」「行動する」。何かを学んだら、必ずアウトプットする。実際に行動してみるのです。

アウトプットで脳は活性化し、自己成長する。アウトプットで現実は変わります。

解説 自己成長しない人の特徴は、インプット中心のアウトプット不足。アウトプットの黄金比は、インプット3、アウトプット7の「3対7」です。

脳の海馬は、何度も「利用（アウトプット）する情報」を、重要と判断して記憶に残します。2週間で3回アウトプットすると、記憶として定着します。

うまくいっていないあなたは、頭が悪いわけではありません。アウトプットが足りていないのです。今日一日、アウトプットを意識して過ごしましょう。誰かとコミュニケーションをとるのも重要なアウトプットです。

写文応用編

①アウトプットで脳の回路が広がり、定着する。

②アウトプットは楽しい。アウトプットを楽しもう。

朝

インプットとアウトプットで自己成長する。

夜

インプットとアウトプットで自己成長する。

今日の
フィードバック

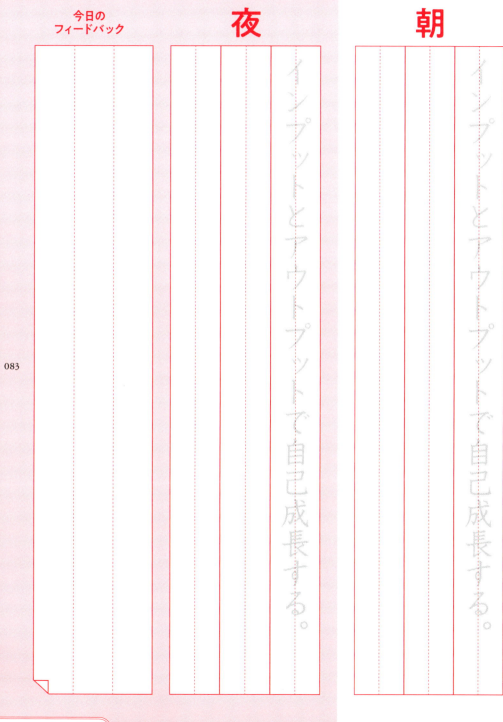

第四週 2日目

アウトプット力を高める言葉

声に出して読んでみよう

「話す、書く、行動する」で現実が変わる。

獲得スキル

コントロール力《りょく》

アウトプットで現実が変わる

音読 あなたがどれほど素晴らしい考えやアイデアを持っていたとしても、アウトプットしない限り、それは誰にも伝わらない。「話す」「書く」とは伝えること。アウトプットであなたの人間性や魅力が伝わるのです。

アウトプットを怖がる人は多い。それは、アウトプットには現実を変える力があるから。

アウトプットする勇気を持とう。あなたは、もっと自分の「思い」「考え」を伝えていい。積極的に伝えるべきです。

解説 脳に情報が入るのがインプット。脳から情報を出して、現実に反映させるのがアウトプット。
インプットだけ頑張っても、それを話さない、書かない、行動しないならば、いつまで経っても絶対に現実は変わりません。インプットした情報もしばらくすると忘れます。「話す」「書く」で脳に定着させる。行動化して、情報ははじめて身に付くのです。読書や勉強でインプットしたら、必ずアウトプットしましょう。インプットとアウトプットは常に表裏一体です。

写文応用編

① アウトプットに必要なのは、技術よりも勇気。

② アウトプットで記憶に残る。自己成長が起きる。

朝

「話す、書く、行動する」で現実が変わる。

夜

「話す、書く、行動する」で現実が変わる。

今日の
フィードバック

アウトプット力を高める言葉　声に出して読んでみよう

やれることを、やれる範囲でやっていく。

獲得スキル　問題解決能力

できることからはじめよう

音読「やれないこと」を無理してやるから苦しくなる。「やれること」を一つずつクリアすれば楽になる。そして、自信になる。

「やれること」と「やれないこと」、「できること」と「できないこと」を明確にして、線引きをしよう。目前の「やれること」に集中し、とりあえず片付けていこう。

「やれないこと」に執着しない。手放していい。後でいい。最後にやればいい。困難な目標は、10分割する。10個のうち一つくらいは「やれること」が必ずあります。

解説できない目標を設定して、達成できない自分を責め、自己肯定感を下げてしまう。世の中の多くの人が、このパターン。

無理な目標は、努力と根性でなんとかしようとしても、どうにもならない。凄いストレス。結果として、メンタルを壊します。

まずは「やれること」を一つクリアして、自信という経験値を蓄えましょう。

ただ、「やれない」を「やれる」に変える工夫は必要。他人の力を借りれば、案外簡単にできてしまうこともあります。

写文応用編

①今、やれることは何？
②千里の道も一歩から。目標は小さく刻む。

朝

やれることを、やれる範囲でやっていく。

夜

やれることを、やれる範囲でやっていく。

今日のフィードバック

第四週 4日目

アウトプット力を高める言葉

声に出して読んでみよう

行動すれば、不安は消える。

獲得スキル

感情コントロール力《りょく》

不安は成功の予告編

音読 新しいことにチャレンジすると、不安が表れる。それは当然のこと。あなたは無限の可能性の前に立っている。その証拠が、不安です。

行動しよう。そこに集中しよう。そうすれば不安は消えます！　何もしないと、不安は強まります。それが脳の仕組み。

失敗してもいい。それは、格好のレジリエンスのトレーニング。不安を楽しもう。未知の世界の冒険を楽しもう。不安を乗り越えれば、そこには成長しかありません。

解説 不安とは扁桃体《へんとうたい》の興奮。危険を回避するために「さっさと行動しろ」という指令です。だから、何もしないでいると、扁桃体はさらに興奮し、不安は余計に強まります。

不安を感じたり緊張したとき、脳を活性化する物質「ノルアドレナリン」が分泌されています。集中力、記憶力を飛躍的に高める脳の応援物質。だから、不安は成功の予告編です。

不安なときは、とにかく何か行動する。何をしていいかわからなければ、「運動」する。身体を動かすと、不安は確実に減ります。

写文応用編

①不安とは、たかが扁桃体の興奮。

②不安なときは、脳がもの凄く活性化している。

朝

行動すれば、不安は消える。

夜

行動すれば、不安は消える。

今日のフィードバック

第四週 5日目

アウトプット力を高める言葉

声に出して読んでみよう

チョイ難《むず》にチャレンジしよう！

獲得スキル

目標実現力

ワクワクする目標は、やりたくなる

音読

「頑張ればできそう」ということからはじめよう。ワクワクで、脳は喜ぶ。

頑張ればなんとか達成できる目標。ちょっとだけ難しい目標「チョイ難《むず》」にチャレンジしよう。高すぎる目標も、10分割すれば、チョイ難になる。

いきなりラスボスと戦わなくていい。ザコキャラを倒し、経験値を稼ぐ。中ボスが、「チョイ難」。中ボスを倒せば、自信がつく。「やれそうだ！」という感覚が、さらにあなたを応援する。

解説

「目標は高いほどいい」と思っている人がいますが、完全に間違いです。「高すぎる目標」では、学習物質、ドーパミンが出ません。むしろ逃げたくなる。それが不安。「ちょっとだけ難しい課題」（チョイ難）のときに、最もドーパミンが出ます。あなたの集中力、学習能力が一気に高まるのです。

試験で50点だったあなたは、いきなり80点の目標を立ててしまう。チョイ難の目標は55点です。正しく目標を設定するだけで、成功確率は爆上がりします。

写文応用編

①目標は細分化する。一つひとつこなしていこう！

②ワクワクは実現する。ワクワクはドーパミン分泌。

朝

チョイ難にチャレンジしよう！

夜

チョイ難にチャレンジしよう！

今日の
フィードバック

第四週 6日目

アウトプット力を高める言葉

声に出して読んでみよう

あと10秒で仕事をはじめる!

獲得スキル モチベーション

10、9、8……はい、はじめた!

音読 仕事をはじめようとしても、なかなかはじめられないときに言ってみよう。

「あと10秒ではじめる!」

言ったらすぐに「10、9、8、7、6、5、4、3、2、1」とカウントダウンします。1まで行ったら、「はい、はじめた!」と言いましょう。

カウントダウンしていくうちに、自然に「やる気」がわいてくる。「はい、はじめた!」と言うと、思わずはじめてしまいます。

解説 「モチベーション」がわかないという人は多い。それは当然です。脳科学的に「やる気」は存在しません。「やる気」とは、「側《そく》坐《ざ》核《かく》(大脳の深部にある神経核)」の興奮です。何かを小さくはじめると、側坐核が興奮し、「やる気が出た」と感じます。「やる気」は動機、原因ではなく、「結果」なのです。

だから、まず「小さくはじめる」ことが大切。言葉を発するだけで、脳は興奮します。

朝起きられないときに、「あと10秒で起きる!」と宣言して、カウントダウンするのも効果があります。

写文応用編

①あと10秒で起きる!

②私は仕事をはじめる。私は仕事をはじめた。

朝

あと10秒で仕事をはじめる！

夜

あと10秒で仕事をはじめる！

今日のフィードバック

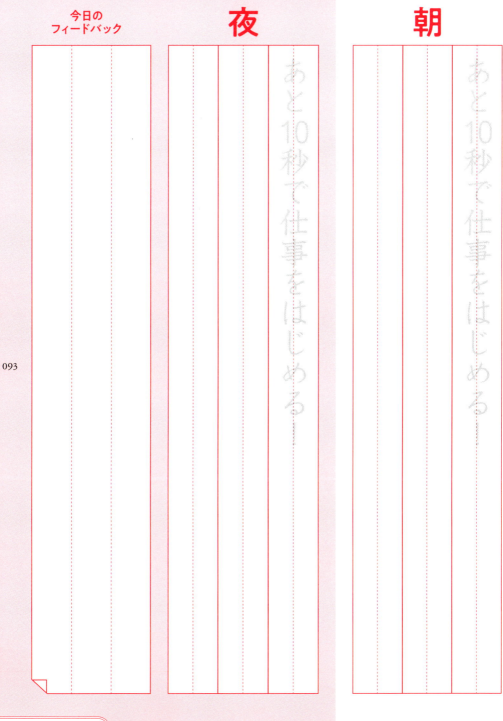

第四週 7日目

アウトプット力を高める言葉

フィードバックで、失敗を経験に変える!

声に出して読んでみよう

獲得スキル

フィードバック力《りょく》

失敗は、自己成長の絶好のチャンス!

音読

失敗に感謝しよう。失敗は、学びの絶好のチャンスだから。

そのためには、なぜうまくいかなかったのかを真剣に考えよう。振り返り、フィードバックで、失敗は経験に変えられる。

しっかりと対策を練って、次の準備をすれば、同じ失敗はしない。失敗のおかげで、あなたの自己成長は１００倍加速する。

失敗は、フィードバック（ＦＢ）の絶好のチャンス。自己成長の絶好のチャンスだ!

解説

ＦＢとは、結果を振り返り、見直す。原因究明し、対策、対処法を練って、改善、方向修正すること。

ほとんどの人は、ＦＢせずに失敗を放置します。その結果、次もまた失敗する。気分は落ち込み、挫折感を味わいます。自己肯定感が下がり、さらに失敗を繰り返すのです。

失敗したら、対処法を練り上げる。次に備える。準備する。その結果、スキルアップ、自己成長が猛烈に進みます。わからなければ、ネットで調べる。本を読む。上司、先輩に聞く。人からＦＢをもらってもいいのです。

写文応用編

①同じ失敗を繰り返さないために、今できることは?

②うまくいっていることは何?　うまくいっていないことは何?

朝

フィードバックで、失敗を経験に変えるー

夜

フィードバックで、失敗を経験に変えるー

今日のフィードバック

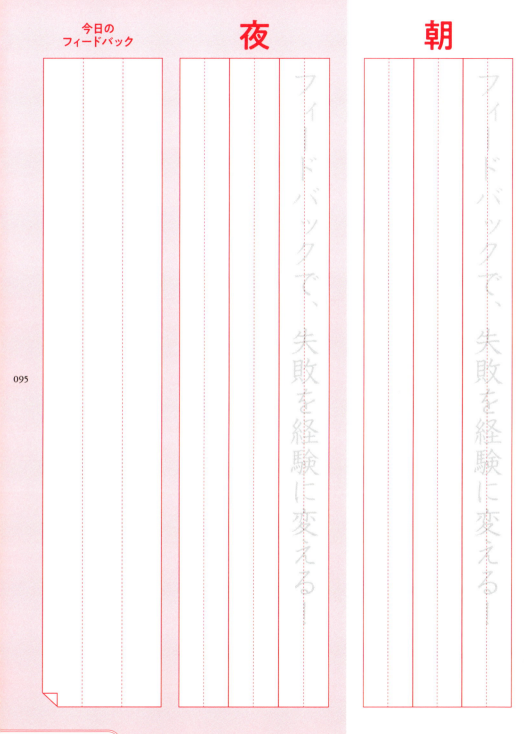

第四週「アウトプット」の振り返り

自己成長のために最も重要なこと。それは、インプット、アウトプット、フィードバックを繰り返す「アウトプット・サイクル」です。これは樺沢のすべてのノウハウの基本であり、最も重要な「自己成長の究極法則」。アウトプット・サイクルを回すことは難しいのですが、あなたはここまでで、すでに28回（7日×4週間）も繰り返しています。

説明文を読む（インプット）。今日の言葉と音読パートを声に出して読む、写文する（アウトプット）。一日の最後に今日の振り返りを行う（フィードバック）。

つまり本書の見開き2ページのワークをこなすことで、アウトプット・サイクルの一巡が完結するのです。たった一日でも、自己成長が進み、それを実感できる仕組みになっています。

次週からは、自分が行っているのが「インプットである」「アウトプットである」「フィードバックである」と意識しながら、写文してください。

あなたの自己成長は、何倍にも加速していきます。

アウトプット・サイクルを回そう

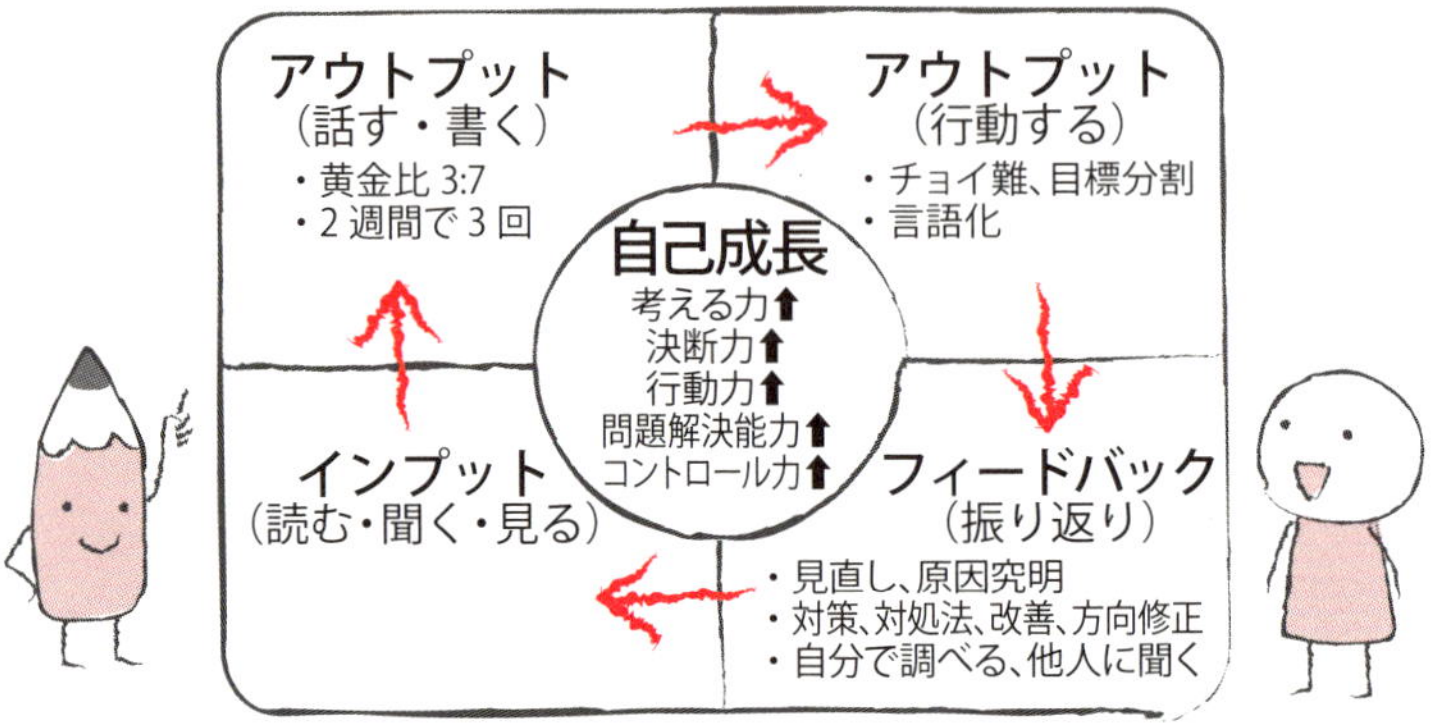

カッコ内に自分の名前を入れて、写文してください。

（　　）はアウトプット・サイクルを、28回も回した。

（　　）はアウトプットとフィードバックの重要性を理解した。

（　　）のアウトプット力は高まった。

おめでとうございます！　**あなたは、「写文ワーク」を4週間も継続しています！**

「継続する」のは難しい。でも、あなたは4週間も続けています。これは、凄いことです。

あなたには、「続ける力」が、めきめきと身に付いています。

そして、あなたのアウトプット力は、この4週間で飛躍的に高まりました。アウトプット・サイクルを一周するごとに、つまり一日ごとに、あなたは確実に自己成長しています。毎日の「自己成長」をさらに意識して、フィードバックに書き込みましょう。

残り4週間ですから、ここが折り返し点です！　あなたは、必ず最後までできます！

「今、ここ」に集中し、「アウトプットで自己成長が進む！」と意識し、写文の精度を高めましょう。

【今週のお気に入りの言葉】今週の7つの言葉のうち、最も心に響いた言葉を、一つ写文しましょう。あなたの心を揺さぶるこの言葉を大切にして、暇があればつぶやいてみる。または写文してみるといいでしょう。

【1週間の振り返り】1週間の写文を振り返り、「印象に残ったこと」「自己成長」「自分の変化」など、気付きを3つ書いてみましょう。

【自作名言】アウトプットに関する気付きを1行、名言風に書いてみましょう。

［第五週］

コミュニケーション

第五週 1日目

コミュニケーション力を伸ばす言葉

声に出して読んでみよう

コミュニケーションは苦手でいい。

交流の第一歩は、オープンマインド

獲得スキル

オープンマインド

音読 コミュニケーションは苦手でいい。たくさん喋《しゃべ》ること、上手に喋ることが、コミュニケーションではありません。「内容を伝える」よりも、「心の交流」や「親密になること」が大切な目的のはず。

上手、下手よりも、まず心を開く。下手でもいいから、自分から人とつながっていこう。臆病にならない。「つながる勇気」で、コミュニケーション力はいくらでも補えます。

解説 世の中のほとんどの人は、コミュニケーションに苦手意識を持っています。だから、それは欠点でも短所でもない普通のこと。

問題なのは「苦手意識」によって交流を避けてしまうことです。まずは、あなたの心を開きましょう（オープンマインド）。相手に関心がある、相手のことを知りたい、積極的に関わりたいという姿勢を示すのです。

コミュニケーションはスキル（技術）。練習すれば上達します。「伝え方」「話し方」「聞き方」「心理学」などコミュニケーションの本がたくさん出ています。まずは、一冊読んで、できることから実践してみましょう。

写文応用編

①心を開けば、気持ちは通じる。
②言葉の交流よりも、心の交流。

朝

コミュニケーションは苦手でいい。

夜

コミュニケーションは苦手でいい。

今日のフィードバック

第五週
2日目

コミュニケーション力を伸ばす言葉

声に出して読んでみよう

過去と他人は変えられない。

獲得スキル

コントロール力《りょく》

未来と自分は変えられる

音読

「変えられないこと」を変えようと抗うことが、ストレスの最大の原因です。他人の性格や考え方は、簡単には変わらない。それを無理に「変えよう」とするから、ストレスになるのです。

しかし、他人は変えられなくても、自分の考え方、受け止め方、感情、行動は、自分の力で変えられます。他人を変えるよりも、自分が変わる方が１００倍簡単です。

「自分」と「未来」は、あなた自身でコントロールできるのです。

解説

「過去と他人は変えられない。自分と未来は変えられる」。カナダの精神科医エリック・バーンの有名な言葉です。

「変えられないこと」にエネルギーを注ぐのは人生の無駄。「できること」「変えられること」「コントロールできること」に注力し、できることをできる範囲でやっていく。

自分を変えるのは、自分の努力で可能です。本書「写文セラピー」を8週間続ければ、あなたは確実に変わります。丁寧に写文することで、新しい自分に上書きされるのです。

写文応用編

①写文で、自分と未来は変えられる。

②言葉には力がある。人を変える力がある。

朝

過去と他人は変えられない。

夜

過去と他人は変えられない。

今日の
フィードバック

第五週 3日目

コミュニケーション力を伸ばす言葉

声に出して読んでみよう

人の悪口は絶対に言うな！

獲得スキル

ポジティブ注目

ネガティブよりも、ポジティブに注目する

音読「悪口を言うとスッキリする。ストレス解消に役立つ」というのは、完全なる間違いです。悪口を言うほど、ストレスは増え、脳は疲労し、自己肯定感が下がります。

悪口が多い人は、嫌われる。悪口を言わない人は、信頼されます。

「悪いこと」よりも「良いこと」に目を向けましょう。ネガティブ要素よりも、ポジティブに注目するのです。

解説 悪口、誹謗、中傷は絶対に言うべきではありません。これらを口にするほど、「怒り」「嫉妬」などのネガティブな感情がわいて、脳は過剰に興奮し、疲労します。

悪口が多い人は認知症リスクが3倍、死亡率が1・4倍になり、寿命は5年縮みます。

悪口を言えば言うほど、ネガティブを発見しやすくなる「ネガティブ脳」が作られます。ポジティブに注目すれば、自分の長所、日々の楽しいことが見えてきます。

悪口が多い人は、本書の写文をどれだけやっても効果は出ません。「ポジティブ注目」を高めることが、自分治癒力を高めます。

写文応用編

①悪口を言うほど、ストレスは増える。人から嫌われる。
②ポジティブ注目は、「楽しい」を発見する能力。

朝

人の悪口は絶対に言うな！

夜

人の悪口は絶対に言うな！

今日の
フィードバック

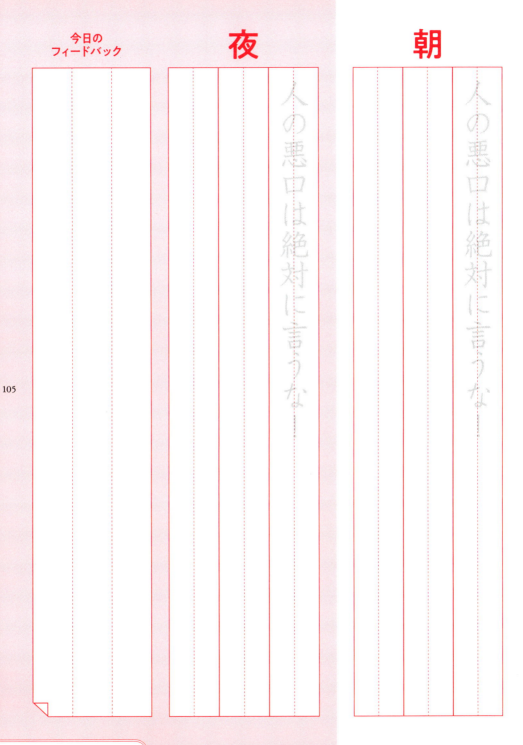

コミュニケーション力を伸ばす言葉

声に出して読んでみよう

職場の人間関係はどーでもいい。

獲得スキル
つながる力

大切なのは家族と友人

音読 職場の人間関係は、全く重要ではありません。会社を辞めた瞬間に「他人」になる関係ですから。

あなたにとって大切なのは、愛する家族や、かけがえのない友人。会社を一歩出たら、会社の「どーでもいい人」たちのことは、きれいサッパリ忘れましょう。アフター5を楽しんで、家族、友人との交流に全集中。

「どーでもいい人」たちのために、あなたの大切な時間を使うのはやめましょう。

解説 会社は仲良しグループではありません。

仕事、業務を遂行するのが職場です。会社があなたに求めるのは「交流」ではなく「業務の遂行」と「仕事の成果」です。

「職場の人間関係」は、最大のストレスといわれますが、深刻に悩むからストレスになる。

職場の人間関係は、もっとテキトーでいい。緩く考えていいのです。

「上司とのそりが合わない」のなら、テキトーにお世辞やヨイショでもしておけばいい。業務に支障を来《きた》さない程度の最低限のコミュニケーションが取れれば十分です。

写文応用編

①「職場の人間関係を円滑に」という妄想は捨てよう。
②大切な人のために、大切な時間を使う。

朝

職場の人間関係はどーでもいい。

夜

職場の人間関係はどーでもいい。

今日のフィードバック

声に出して読んでみよう

人間は変えられない、人間関係は変えられる。

言葉、表情など小さな行動は変えられる

獲得スキル
つながる力

音読 他人を変えることはできない。とはいえ「自分が変わる」のも難しいもの。だから無理して「人間」を変えなくていい。「人間関係」を変えるのです。性格、人間性、ポリシーを変えずとも、その人と接する際の「言葉」や「表情」が柔らかなものに変われば、自然と人間関係は改善していきます。
　人と人との間にクッションをはさむ。柔らかく伝え、柔らかく受け止める。それだけで人間関係は、今日から変えられます。

解説 上司や同僚とのギクシャクした関係。相手の性格や態度を変えることは不可能です。しかし自分の性格もすぐには変えられない。それならば、今よりも丁寧な態度で接してみる。挨拶、感謝、言葉遣い、表情など、小さな行動なら変えられるはず。
　コミュニケーションとはキャッチボールです。体力や技術が上達しなくても、今よりも「良い球」を返球しようという努力は、今日から可能です。相手にとって「良い球」、すなわち相手に喜ばれる態度、行動、結果を意識する。感謝の気持ちで接すればいいのです。

写文応用編

①「信念」は変えなくていい。「伝え方」は変えた方がいい。
②相手の立場で考える。この人は何を望んでいるのだろう？

朝

人間は変えられない、人間関係は変えられる。

夜

人間は変えられない、人間関係は変えられる。

今日のフィードバック

第五週 6日目

コミュニケーション力を伸ばす言葉

声に出して読んでみよう

相談すれば楽になる。相談する勇気。

獲得スキル **言語化**

人の助けを借りていい

音読 苦しいことは、必ずあります。それを一人で抱えるから、余計に苦しくなる。

重たい荷物も二人で持てば、楽になります。勇気を持って誰かに相談しましょう。

自分には無理。それでいい。一人では無理だから、今すぐ人の力を借りるのです。一人で悩まない。誰かの力を借りていい。「助けを求める」のは負けではありません。それは前に進むこと、すなわち成長です。

解説 「こんなこと、誰にも言えない」と、一人で悩みを抱え込むことで、ストレスは2倍、3倍に増えていきます。

「解決しないから相談してもムダ」と言う人がいますが、解決しなくていいのです。現実が変わらなくても、「言語化」すればホッとする。言葉にするだけで、ストレスの9割は解消します。言語化でガス抜きをし、自分で治癒することができるのです。

冷静になって、今できることを一つずつやっていく。今すぐ解決しなくても、少しずつ解消していきます。相談するには勇気が必要です。相談する勇気を持ちましょう。

写文応用編

① 話すだけで、ストレスの9割は消えていく。

② 相談されると人はうれしい。頼られるのは信頼の証。

朝

相談すれば楽になる。相談する勇気。

夜

相談すれば楽になる。相談する勇気。

今日のフィードバック

コミュニケーション力を伸ばす言葉

声に出して読んでみよう

自分を嫌う人より、応援者を探せ！

獲得スキル

インプット

1対2対7の法則

音読 「10人のうち1人は、どんなことがあってもあなたを批判する。あなたを嫌う。2人は、互いにすべてを受け入れ合える親友になれる。残りの7人は、どちらでもない人々だ」（ユダヤ教の教え）

どこの職場に行っても、あなたを嫌う人は必ずいます。一方で、あなたと気が合う人も必ずいます。あなたに協力し、あなたを助け、あなたを応援している人は必ずいます。

解説 10人いれば、1対2対7の割合で、「嫌う人」「応援者」「中立の人」がいます。あなたを嫌う「1人」よりも、あなたを応援する「2人」を大切にしましょう。応援者と協力し、連携すれば、仕事も必ず今よりうまくいきます。ただし、応援者は注意して探さないと見つからない。助けを求める、相談することで、はじめて気付くこともあります。

あなたを嫌い、あなたの悪口を言うつまらない人間のために、あなたの大切な時間と精神エネルギーを使うのはやめましょう。

こんな知識を知っているだけで、人間関係は楽になります。「インプット」は重要です。

写文応用編

①10人中2人の応援者がいれば、素晴らしい職場。
②応援しないと、応援されない。あなたも誰かの応援者。

朝

自分を嫌う人より、応援者を探せ！

夜

自分を嫌う人より、応援者を探せ！

今日のフィードバック

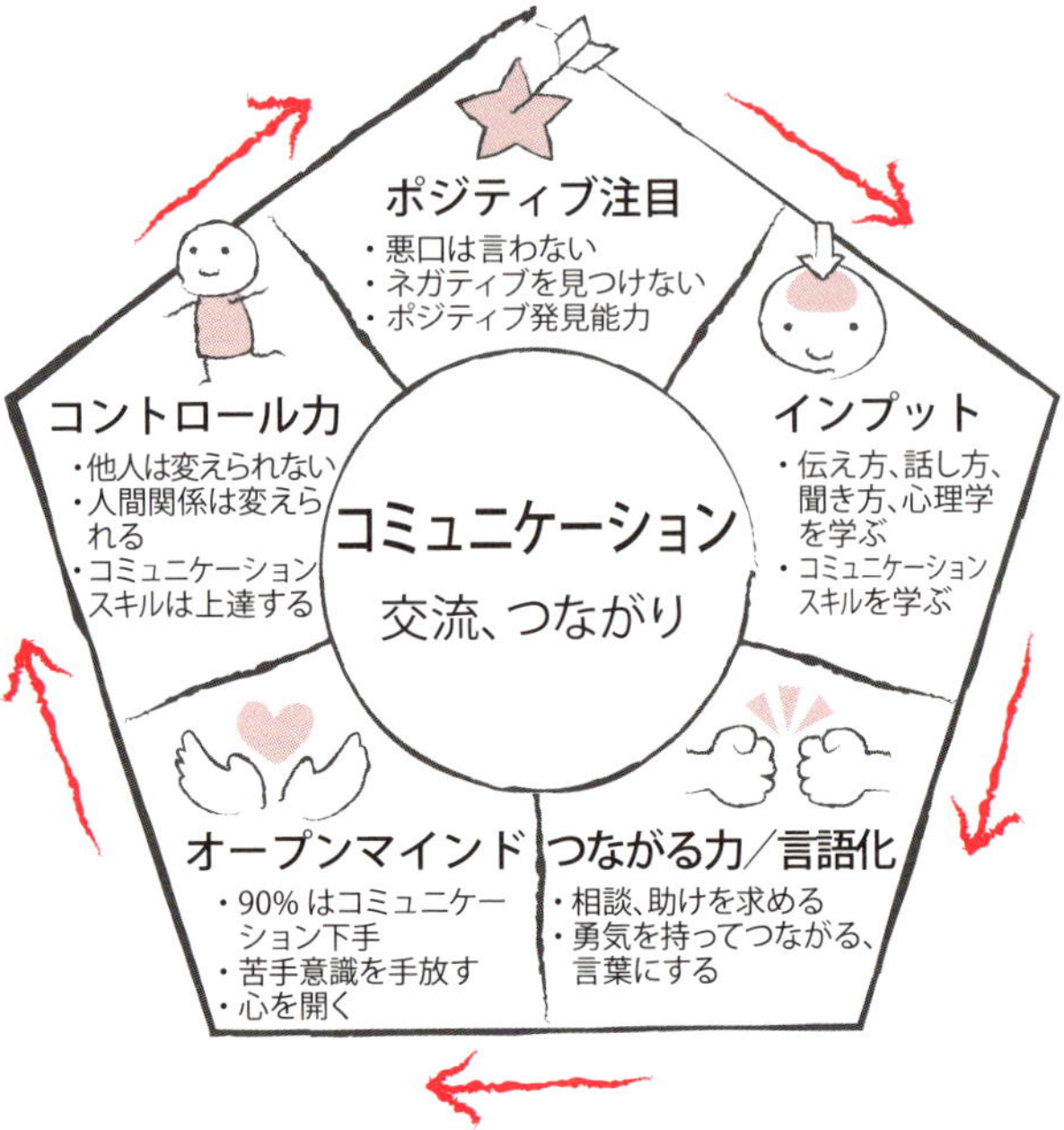

第五週「コミュニケーション」の振り返り

コミュニケーションは、簡単ではありません。だからほとんどの人は、コミュニケーションが苦手、下手です。まずは苦手意識を手放しましょう（1日目）。次に、コミュニケーションとはスキル（技術）です。人間性や性格とは関係ないので、練習すれば誰でも上達します。今、あなたがコミュニケーション能力が低くても、練習によっていくらでも伸ばすことができる。そのためには、「伝え方」「話し方」「聞き方」「心理学」などのコミュニケーションの本を読んで勉強、実践するといいでしょう。

他人を変えるのではなく、自分を変える。「伝え方」を少し工夫するだけで、人間関係は、短期間で改善します（2、5日目）。「1対2対7の法則」のような、ちょっとした知識を知っているだけで、人間関係が楽になることがあります（7日目）。

コミュニケーションは交流です。悪口はやめましょう（3日目）。勇気を持って自分から交流していく。困ったり、わからないことがあれば、自分から質問、相談する（6日目）。つながる勇気で、人生は変わります。

カッコ内に自分の名前を入れて、写文してください。

（　　）は、コミュニケーションについて、1週間実践した。

（　　）は、「コミュニケーションはもっと楽でいい」と気付いた。

（　　）は、コミュニケーション・スキルを少しずつ伸ばしていく。

おめでとうございます！　**あなたのコミュニケーション力は、この1週間で飛躍的に伸びました。**

前向きなコミュニケーションによって、「つながり」が強まり、人間関係が改善します。言語化によって、自分治癒力が高まり、ストレスが減って、毎日が楽しくなっていきます。日々の小さなコミュニケーションを意識し、前向きに取り組みましょう。

【今週のお気に入りの言葉】今週の7つの言葉のうち、最も心に響いた言葉を、一つ写文しましょう。あなたの心を揺さぶるこの言葉を大切にして、暇があればつぶやいてみる。または写文してみるといいでしょう。

【1週間の振り返り】今週1週間の写文を振り返り、「印象に残ったこと」「自己成長」「自分の変化」など、気付きを3つ書いてみましょう。

【自作名言】コミュニケーション、人間関係に関する気付きを1行、名言風に書いてみましょう。

［第六週］

コンディショニング

第六週 1日目

コンディションを整える言葉

声に出して読んでみよう

身体を整えれば、心も整う。

獲得スキル

整える

生活習慣がすべての基本

音読 自分治癒力を高めるために最も大切なことは「整える」こと。心と身体を整える。よりよいコンディションに持っていくのです。

心を整えるためには、まず身体から。つまり、生活習慣を整えないといけません。睡眠、運動、食事、規則的な生活。脳も身体の一部です。身体が不健康、不調な状態では、脳や心に悪影響を及ぼします。

解説 「整える」ということに対して、日本人は全く無頓着です。約40％の人が睡眠6時間以下。63％が運動の習慣がなく、30％以上の人が栄養不良です。これを掛け合わせると、つまり日本人の80％以上が「整っていない」状態です。

睡眠6時間以下の人が、本書の写文に取り組んでも、十分な効果は得られません。注意力が低く、身体もズタズタな状態だからです。

健康に配慮する行動と、自尊感情は相関します。生活習慣を整える意識を持った人は、自然に自尊感情やポジティブな感情が高まる。つまり、心と身体の両面から、自分治癒力の基盤ができあがるのです。

写文応用編

①心と身体は、連動している。

②整えば、脳は研ぎ澄まされる。

朝

身体を整えれば、心も整う。

夜

身体を整えれば、心も整う。

今日の
フィードバック

コンディションを整える言葉　声に出して読んでみよう

昼はバリバリ働き、夜はゆっくり休む。

獲得スキル
バランス

休息も仕事のうち

音読 「必死になって働けばうまくいく。成功できる」は、完全に間違いです。スマホに充電が必要なように、人間にもエネルギーの充電は必須です。

夜は休息、リラックスの時間。もっとのんびりしていい。いや、のんびりすべき。アフター5に、仕事を家に持ち込まない。仕事での失敗を思い出さない。仕事が大好きなら、休息やリラックスも仕事のうちと考えよう。

解説 無理して働くのではなく、緩急をつけて働くのです。昼は活動の時間、夜は休息とリラックスで回復の時間です。

寝る前の数時間のリラックスで睡眠は深まり、疲労回復が進みます。結果として翌日、最高のパフォーマンスが発揮できます。

深い睡眠のためには、夜の神経（副交感神経）への切り替えが不可欠。そのために、寝る前2時間のリラックスが必要です。

無理して働いても、長くは続きません。身体やメンタルを壊すだけ。緊張と弛《し》緩《かん》。興奮とリラックス。仕事と休息のバランスを意識しましょう。

写文応用編

①心と身体の健康は、時間の配分で決まる。
②緩めるのがうまいと、大きな力を発揮できる。

朝

昼はバリバリ働き、夜はゆっくり休む。

夜

昼はバリバリ働き、夜はゆっくり休む。

今日のフィードバック

第六週 3日目

コンディションを整える言葉

声に出して読んでみよう

睡眠、運動、朝散歩！やれる範囲でやっていく。

獲得スキル

習慣化

整える

整えば、仕事効率も爆上がり

音読 健康に良い生活習慣。まずは、睡眠、運動、朝散歩をはじめよう！　睡眠不足、運動不足、不規則な生活が、あなたの健康を破壊する。

心と身体が整うと、勉強、仕事のパフォーマンスが高くなる。気分も安定し、人間関係も改善する。日々の生活に幸福感があふれてくる。無理して頑張るのではなく、やれる範囲でやっていく。それが習慣化の最大のコツ。

解説 (1)睡眠：1日7〜8時間の質の良い睡眠。時間だけではなく、質も重要。質の良い睡眠のためすべきことは、朝散歩、入浴、寝る前2時間のリラックス。寝る前30分のスマホ利用、ゲーム、ドラマ視聴など興奮系娯楽は避ける。

(2)運動：中強度以上の運動を週に120分以上。中強度とは、爽やかな汗が流れる程度。筋トレと有酸素運動、両方を組み合わせるとベスト。

(3)朝散歩：起きてから1時間以内に、太陽の光を浴びながら、やや速歩きで姿勢良く15分程度の散歩をする。

写文応用編

①睡眠不足、運動不足、不規則な生活が、健康を破壊する。

②毎日でなくていい。少しずつやっていく。

朝

睡眠、運動、朝散歩！やれる範囲でやっていく。

夜

睡眠、運動、朝散歩！やれる範囲でやっていく。

今日のフィードバック

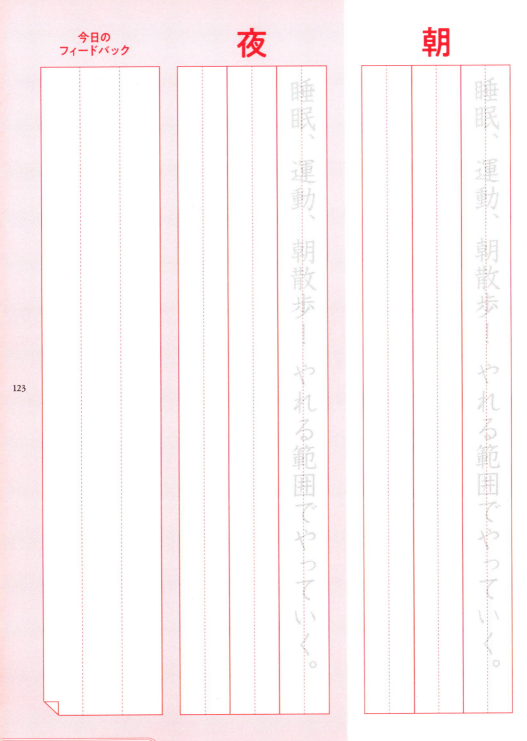

コンディションを整える言葉

声に出して読んでみよう

太陽の光、リズム運動、朝食でセロトニン活性化！

セロトニンを意識しよう

音読 太陽の光は、私たちを癒やしてくれる。逆に一日中、屋内にいると病気になる。「セロトニン」は、清々しい気持ちを作り出す幸福物質。誰でもセロトニンは出せるし、誰でも幸せになれる。必要なのは太陽の光、リズム運動、そして咀嚼《そしゃく》（よく噛む）！　朝散歩で青空の下を歩き、清々しい気分になれば、セロトニンは分泌している。

解説 セロトニンは脳の指揮者です。集中力、記憶力、感情、気分、睡眠と覚醒、痛み、食欲をコントロールし、心と身体の健康の基盤となる。セロトニンが下がると気分が不安定になり、メンタル疾患を発病します。

朝起きて太陽の光を浴びると、セロトニンの工場が起動する。「1、2、1、2」のかけ声でできるリズム運動を加えると、さらにセロトニンは活性化します。いちばん効果的なのが15分の「朝散歩」です。

朝食を一口20回よく噛んで食べるだけでも、セロトニンは活性化します。セロトニンは主に午前中に活発に作られるので、これらの行動は朝、午前中に行うほど効果的です。

写文応用編

①朝散歩が無理なら、日向ぼっこでいい。

②朝散歩して気持ちがいい。メンタルが良い証拠。

獲得スキル

整える

朝

太陽の光、リズム運動、朝食でセロトニン活性化……

夜

太陽の光、リズム運動、朝食でセロトニン活性化……

今日のフィードバック

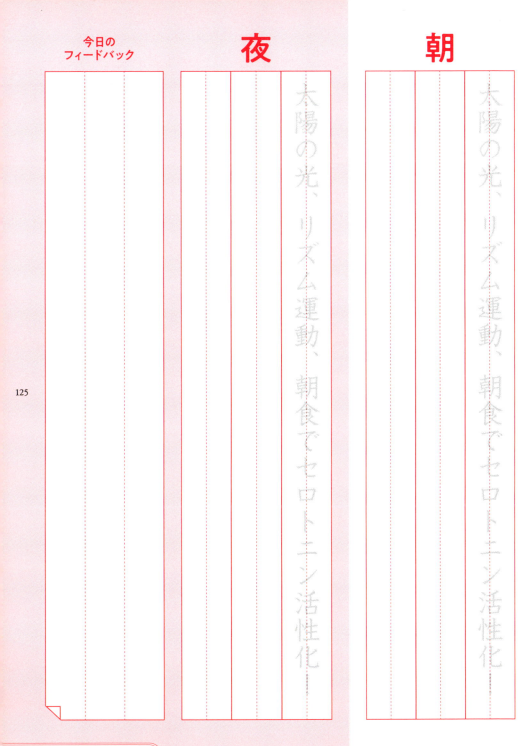

第六週

5日目

コンディションを整える言葉

声に出して読んでみよう

スマホを手放すと、脳は解放される。

獲得スキル

コントロール力《りょく》

自分治癒力

スマホは時間を決めて楽しもう

音読 スマホは、楽しく使おう。本当に見たいものを、時間を決めて楽しもう。見たくもないものを、ダラダラ見るのはやめよう。

スマホを手放すことは、脳を休ませること。仕事の休憩時間、通勤時間など、スキマ時間こそ、あなたの脳を休ませよう。

あなたは「スマホ」のために生きているのではない。「自分」のために生きている。人生のコントロールを、自分に取り戻そう。

解説 日本人の生活習慣の乱れ。その最大の原因は、スマホの使いすぎ。スマホを長時間使うほど、脳の司令塔である大脳皮質「前頭前野」の機能が低下します。集中力、記憶力、仕事効率が下がり、感情が不安定になる。いわゆる脳疲労の状態。メンタル疾患のリスクも高まる。長く脳疲労が続くと、元に戻らなくなるリスクもあります。歩きスマホは最悪の行為。スキマ時間にスマホを触らないだけで脳疲労は緩和されます。

さらに、夜遅くまでのスマホ利用、アニメ、ドラマ視聴やゲームは、「夜更かし」と「睡眠障害」の原因にもなります。

写文応用編

①スマホを使いすぎるとバカになる。

②スマホは道具である。あなた自身ではない。

朝

スマホを手放すと、脳は解放される。

夜

スマホを手放すと、脳は解放される。

今日のフィードバック

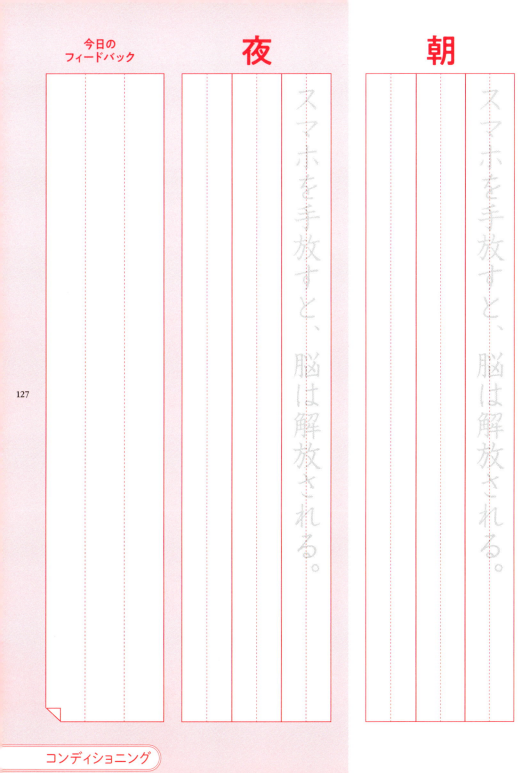

第六週
6日目

コンディションを整える言葉

声に出して読んでみよう

あなたの笑顔が、あなたを癒やす。

獲得スキル

リラックス

自分治癒力

笑う門《かど》には福来たる

音読 苦しいときほど、「笑顔」を作ろう。笑顔を作ることで、心に余裕ができる。「楽しい」から笑顔になるのではなく、笑顔を作るから、楽しくなるのです。

笑顔は、自分の心と身体をリラックスさせ、癒やします。そして、他の人をも癒やします。他の人を明るい気持ちにします。

笑顔で、人間関係もうまくいく。笑えば笑うほど、人は幸せになっていくのです。

解説 笑うことでドーパミン、オキシトシン、セロトニン、エンドルフィンの４つの幸福物質がすべて分泌されます。逆にストレスホルモンのコルチゾールが抑制され、ストレスが緩和される、ＮＫ《ナチュラルキラー》細胞が活性化し免疫力がアップ！「笑顔」には、はかりしれない健康効果があります。笑顔によって、圧倒的な「自分治癒力」が発揮されます。

これらの効果は、作り笑顔でも有効です。笑顔が苦手な人は練習しましょう。朝の洗顔、トイレの手洗い、鏡を見るたびに、満面の笑みを作ってみる。毎日続けると、自然な笑顔が出るようになります。

写文応用編

①笑う門には福来たる。

②笑いは最良の薬。（ウィリアム・シェークスピア）

朝

あなたの笑顔が、あなたを癒やす。

夜

あなたの笑顔が、あなたを癒やす。

今日の
フィードバック

第六週
7日目

コンディションを整える言葉

声に出して読んでみよう

自然の中で、ボーッとしよう。

獲得スキル
リラックス
自分治癒力

自然は、最高の癒やし手

音読 自然の中でボーッとしよう。自然の中でのんびりしよう。自然は、最大の癒やし手。自然の中にいるだけで、心と身体は最高にリラックスし、「自分治癒力」も回復していく。

森の緑、空や海の青。自然は、原始の時代から、私たちを癒やし続けているのです。

自然の中でボーッとするだけで脳は休まる。最高の休息、極上の休息です。

解説 「リラックスが苦手」という人は多いですが、そんな人は昼休みに公園のベンチに座って弁当を食べるだけでいいのです。

1ヶ月で5時間以上を自然の中で過ごすと、ストレスが大幅に軽減され、脳を活性化し、記憶力、創造力、集中力、計画性が向上します（フィンランドの研究）。ストレスホルモンは減少し、うつ病の予防にもなる。

自然の中でのキャンプ、ハイキングなどは、素晴らしい趣味です。朝散歩も、自然が多いコースなら効果倍増。海や山に出かけなくとも、街中の公園でも癒やし効果は得られます。

室内にずっといるのが健康に悪い。外に出るだけで、ストレスが解消されます。

写文応用編

①今日も青空。心から感謝。
②なんて清々しい青空なんだ。

朝

自然の中で、ボーッとしよう。

夜

自然の中で、ボーッとしよう。

今日の
フィードバック

第六週「コンディショニング」の振り返り

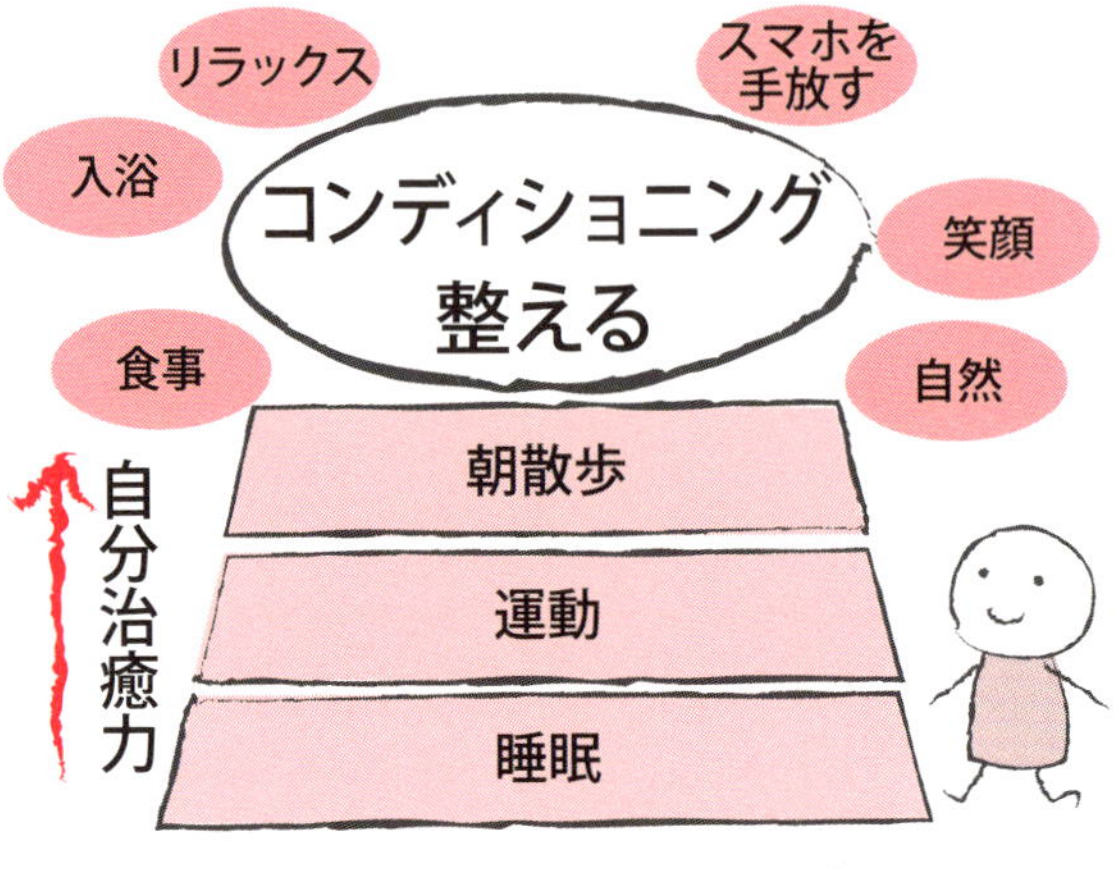

コンディションが整っていないと、何をやってもうまくいきません。逆に「整った」状態ができあがれば、仕事、勉強、人間関係、パートナーシップ、人生がすべてうまくいきます。

そのためには、緩急とバランス（2日目）、睡眠、運動、朝散歩（3日目）、セロトニン（4日目）、スマホを手放す（5日目）、笑顔（6日目）、自然（7日目）が大切。できる範囲で少しずつ整えてください。

「整える」は、自分治癒力。心と身体の健康の最大の基本であり基盤です。本来なら第一週にすべき写文ですが、あえて第六週にしました。

その理由は、「整えなさい」というアドバイスは、「自己洞察」が進んだ人にしか響かないから。自分を客観視できない人に「スマホを手放そう」と言っても受け入れられません。

あなたは自己洞察が進み、自分の「整っている部分」と「整っていない部分」が見えてきたはず。だから今、改めて最高の自分にチューニングしてほしいのです。

カッコ内に自分の名前を入れて、写文してください。

（　）は、「コンディションを整える」を
１週間実践した。
（　）は、以前よりも整った！
（　）は、これからも「整える」習慣を
続けていく！

おめでとうございます！　**あなたの心と身体のコンディションは、この１週間で飛躍的に整いました。**「整える」に限界はありません。今よりも上があります。より良い生活習慣を目指していく。改善していく。常に自分の心と身体に意識を向けて、毎日のチューニングを続けてください。

【今週のお気に入りの言葉】 今週の7つの言葉のうち、最も心に響いた言葉を、一つ写文しましょう。あなたの心を揺さぶるこの言葉を大切にして、暇があればつぶやいてみる。または写文してみるといいでしょう。

【1週間の振り返り】 今週1週間の写文を振り返り、「印象に残ったこと」「自己成長」「自分の変化」など、気付きを3つ書いてみましょう。

【自作名言】 あなたの中で最も整っていない部分は何ですか？　それを整えるべく、自分を応援する言葉を1行、名言風に書いてみましょう。

［第七週］

ストレスフリー

第七週 1日目

ストレスフリー、自分を癒やす言葉

声に出して読んでみよう

なんとかなるさ。なるようになるさ。

獲得スキル
楽観性
コントロール感

困難は受け止めないで受け流す

音読 追い詰められたとき、切羽詰まったとき、「なんとかなるさ」とつぶやいてみよう。不思議と気分が楽になる。「なんとかなるさ」は、魔法の言葉。心に余裕を作り出す。

困ったとき、悩みを抱えたとき。「なるようになるさ」とつぶやいてみよう。不思議と「希望」が見えてくる。今の「逆境」を肯定することで、最後の踏ん張りが生まれてくる。逆境をチャンスに変える魔法の言葉。

自分を癒やす言葉を、もっと増やそう。

解説 不安は、言葉でコントロールできます。

前頭前野（論理・思考）は、扁桃体（不安・恐怖）をコントロールし、ブレーキを踏みます。それが脳の仕組みです。

ストレスフリーの重要なポイントは「楽観性」と「コントロール感」。「なんとかなるさ」「なるようになるさ」という言葉を使うことで、楽観的思考の回路が強化されていく。いざというときに、心の余裕が生まれ、ストレスを受け流すことができる。実際に、コントロールできたという経験が、自信を生み出し、言葉の効果をさらに高めるのです。

写文応用編

①自分の言葉で、自分を癒やす。
②「もう無理」と思ったら、「なんとかなるさ」と言ってみる。

朝

なんとかなるさ。なるようになるさ。

夜

なんとかなるさ。なるようになるさ。

今日のフィードバック

第七週
2日目

ストレスフリー、自分を癒やす言葉

テキトーでいい。ボチボチでいい。

声に出して読んでみよう

100点も一番も目指さない

音読 完璧を目指さなくていい。100点じゃなくていい。「まあまあ」「そこそこ」「ボチボチ」でいい。テキトーでいい。

完璧を目指すほどつらくなる。「テキトーでいい」と思うと、楽になる。自分で自分を追い込んでストレスを増やすのはやめよう。自分を責めない。自分を追い詰めるのではなく、自分をゆるす、自分を癒やす言葉を増やしていこう。

目標は高くなくていい。0／100《ゼロ・ヒャク》思考を手放せば、あなたの心は軽くなる。

解説 私は「テキトー」という言葉が好きです。完璧を目指さない、ほどよい「いい加減さ」「ゆるさ」、それでいて「適当（ちょうど良い）」が混ざり合った状態です。

「できなかった自分」を責めるほど自己肯定感は下がります。ボチボチでもできた分だけ評価すれば、自己肯定感は上がります。

「テキトー」を目指せば、たいていは達成できるので、モチベーションを維持しやすい。ストレスフリーで、コツコツと行動と経験を積み上げることができるのです。

獲得スキル
楽観性
自己肯定感

写文応用編

①完璧でなくていい。目標は高くなくていい。
②まあまあでいい。真面目な人ほど、燃え尽きやすい。

朝

テキトーでいい。ボチボチでいい。

夜

テキトーでいい。ボチボチでいい。

今日の
フィードバック

第七週 3日目

ストレスフリー、自分を癒やす言葉

声に出して読んでみよう

しょうがない。受容で心は軽くなる。

獲得スキル

自己受容感

切り替え力

自責、他責で心は重くなる

音読 失敗やつらい体験を引きずってしまう人は多いはず。そんなときは、「しょうがない」と言ってみよう。

「しょうがない」は、過去を断ち切る言葉。過去を受け入れる言葉。勇気と決断にあふれた、ポジティブで力強い言葉です。

起きたことは、しょうがない。気持ちを切り替えよう。それはそれとして今できることを、一つずつやっていこう。

解説 受容とは、自分自身や他人、そして様々な出来事を、良いも悪いも、ありのままに受け入れること。受容で過去のしがらみをスパッと断ち切り、未来に向けて、一歩踏み出せるのです。

受容の反対は、「否認」です。他人や自分を否定して、他責的、自責的になる。怒り（アドレナリン）がわくと、記憶を強化し、余計に過去にとらわれます。

受容は簡単ではありません。まずは、「しょうがない」「それでいい」「そういうこともある」と受容の言葉を言ってみよう。気分は切り替わり、徐々に受容が進みます。

写文応用編

①そういうこともある。次行ってみよう！
②他人を責めるのではなく、他人をゆるす。

朝

しょうがない。受容で心は軽くなる。

夜

しょうがない。受容で心は軽くなる。

今日のフィードバック

第七週 4日目

ストレスフリー、自分を癒やす言葉

声に出して読んでみよう

たいていのことは、時間が解決する。

獲得スキル

回復力

自分治癒力

嵐が通り過ぎるのを待つ

音読 ショックな出来事は、誰にでもあります。しかし、苦しい記憶も、時間とともに希釈されていく。それが、脳の仕組み。「心の傷」は、すぐには癒やされない。でも、一日ごとに、少しずつ、傷は回復していきます。

じたばたしない。焦らない。何もせずに、嵐が通り過ぎるのを「待つ」ことが、最高の「自分治癒」になるのです。

解説 英語のことわざ、“Time heals all wounds.”（時間はすべての傷を癒やす）。身体の傷だけでなく、心の傷も「時間」が癒やしてくれるという意味です。

ただし、その間に、トラウマや失敗体験を何度も人に話すと、逆に記憶が強化されてしまうので注意が必要です。

「苦しさ」を一人で抱えない。寄り添ってくれる人が周りに一人でもいれば、なんとかしのげるものです。逆に、傷ついた人にはあなたが寄り添うことも大切。

今日ショックな出来事があった人は、さっさと寝た方がいい。睡眠は、記憶と感情を上手に整理してくれる最高の治療薬です。

写文応用編

①通り過ぎない嵐はない。

②待つだけで、自分治癒力が発動する。

朝

たいていのことは、時間が解決する。

夜

たいていのことは、時間が解決する。

今日のフィードバック

第七週 5日目

ストレスフリー、自分を癒やす言葉

声に出して読んでみよう

毎日を楽しもう！「まいたの」で生きよう！

獲得スキル

楽しむ力

ポジティブ注目

「苦しい」より「楽しい」に注目する

音読 苦しいことは、誰にでも必ずあります。しかし、楽しいことも必ずあります。「苦しい」と「楽しい」のどちらに注意を向けるのか？「楽しい」に注意を向けた方が、間違いなく人生は楽しくなります。

あなたは、人生を楽しんでいいのです！いや、もっと積極的に楽しむべきです。あなたは、人生を楽しむために、生まれてきたのです！

解説 「仕事がつらい」のは誰でも同じ。ならば、仕事から帰ってきた数時間を、自分のために、思いっきり楽しめばいい。家に帰って、会社の失敗をクヨクヨ考えることは、人生の無駄、精神力の無駄です。

「毎日を楽しむ」姿勢を、私は「まいたの」と呼びます。あなたはもっと「まいたの」すべきです。苦しい人ほど「まいたの」すべき。「まいたの」で気分転換するのです。

「まいたの」は、向こうからはやってきません。自分から「楽しい」を探す、「楽しい」を作り出す工夫も必要です。「まいたの」で、積極的に自分を癒やしましょう。

写文応用編

①私は、人生をもっと楽しみます！

②おもしろそう！　好奇心の先に「楽しい」はある。

朝

毎日を楽しもう！「まいたの」で生きよう！

夜

毎日を楽しもう！「まいたの」で生きよう！

今日の
フィードバック

第七週
6日目

ストレスフリー、自分を癒やす言葉

当たり前のことに、ありがとう。

声に出して読んでみよう

獲得スキル
感謝力
つながり

感謝でストレスは消える

音読「ありがとう」は、ストレスを消す魔法の言葉。「ありがとう」と言うだけで、心は軽くなる。気分が明るくなる。

生きている。健康。ご飯が食べられる。家族や友人がいる。仕事に就いて給料をもらっている。これらの「当たり前」のことは、実は当たり前ではありません。非常に「有り難い」状態です。すべての出来事、当たり前の今の状態に感謝を見つけましょう。

解説 感謝するだけで、3つの幸福物質（セロトニン、オキシトシン、ドーパミン）がすべて揃います。これらの幸福物質は、脳をリラックスさせ、ストレスを減らします。

感謝日記。寝る前に、今日一日を振り返り、感謝の出来事を3つ書きましょう。それだけで、感謝と幸福感につつまれ、気持ち良く眠ることができます。

できれば、「ありがとう」を言葉に出して伝えよう。「ありがとう」で「つながり」が強まる。人間関係が好転します。

恥ずかしければ、まずはメール、メッセージでもかまいません。

写文応用編

①（　　　）さん、いつも（　　　）してくれてありがとう。

②「ありがとう」で人間関係は好転する！

朝

当たり前のことに、ありがとう。

夜

当たり前のことに、ありがとう。

今日のフィードバック

第七週
7日目

ストレスフリー、自分を癒やす言葉

声に出して読んでみよう

逆境に感謝。逆境は成功のチャンス。

獲得スキル
感謝力
楽観性

試練の先に自己成長がある

音読 「もうどうしようもない」。本当に困ったことがあったら、感謝しよう！　人生では、最悪のピンチや危機は、必ず起きます。

それは、不運ではなく、試練です。あなたに何かを気付かせるための、あなたを成長させるためのミッション。「逆境」は人生最大のピンチでありながら、人生最大のチャンス。大切なのは、気の持ち方です。

感謝すれば、心に余裕ができる。勇気とアイデアがわいてくるのです。

解説 病気、事故、大失敗、借金、最悪な人間関係。そんな、逆境やピンチの状態でも、絶望せずに「ありがとう」と思う。「何が起きても、ありがとう」「逆境に感謝」することができるのが、「感謝脳」です。

感謝脳になると3つの幸福物質が揃います。「楽観性」が生まれ、脳のパフォーマンスが高まり、集中力や問題解決能力も高まる。結果として、「逆境」を乗り越えるアイデアが浮かび、乗り越えられてしまうのです。

簡単ではありませんが、感謝の気持ちさえあれば、その逆境は必ず乗り越えられます！

写文応用編

① ピンチを楽しもう！
② 逆境の先には、自己成長しかない。

朝

逆境に感謝。逆境は成功のチャンス。

夜

逆境に感謝。逆境は成功のチャンス。

今日のフィードバック

第七週

「ストレスフリー」の振り返り

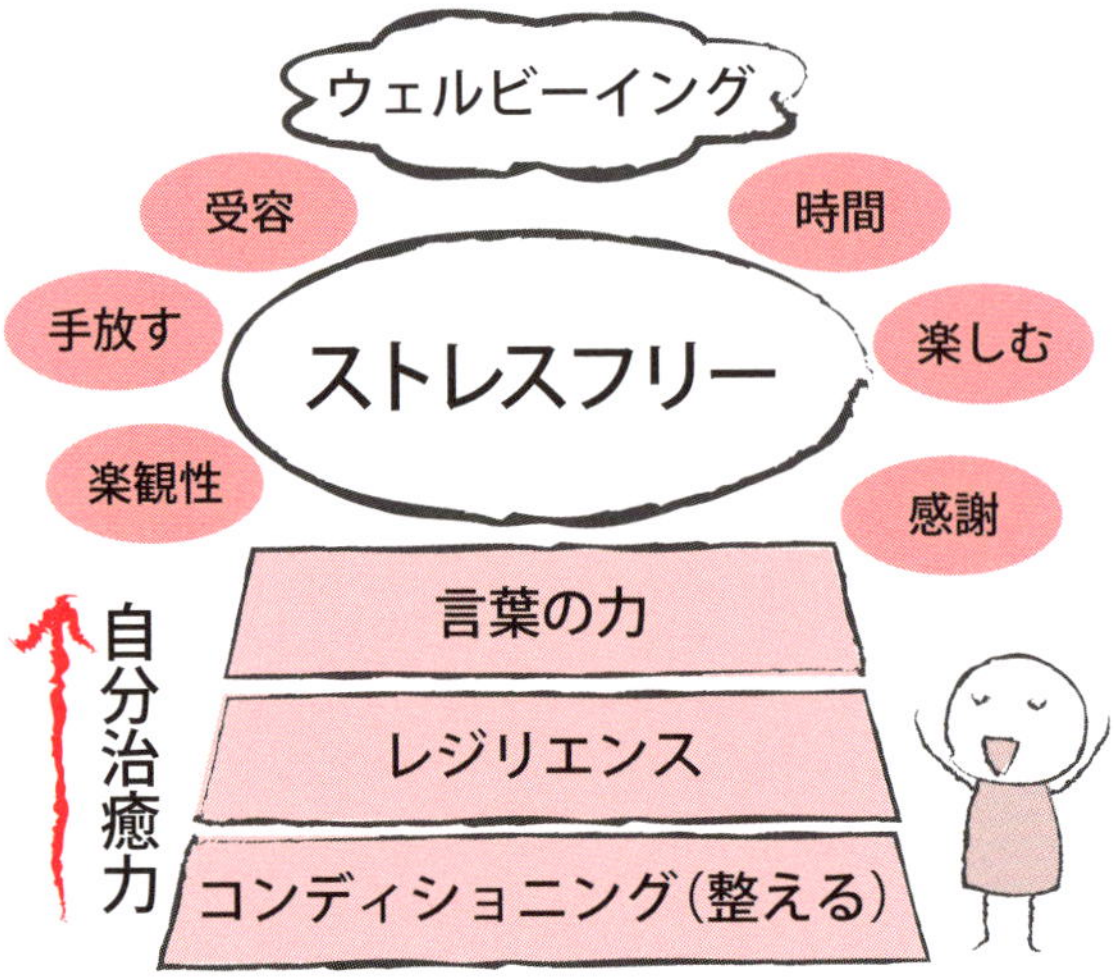

ストレスを上手に受け流すことができれば、私たちはストレスフリーで、日々の生活が楽しくなります。

そのためには、心と身体を整える（第六週）、レジリエンスを高める（第二週）。そして、言葉の力を借りる（第七週）。自分で発した言葉で、自分を癒やしていくことが大切です。

私たちの感情は、言葉によって大きく影響を受けます。ネガティブな言葉を多く言えば、負の感情が強化され、ポジティブな言葉を多く言えば、明るく前向きな気持ちになるのです。悪口やネガティブな言葉は、手放しましょう。そして今週に写文したポジティブな言葉、前向きな言葉を、自分のものにしていきましょう。

落ち込んだときにこそ、前向きな言葉が出るように、習慣化してください。

思考や感情を変えるのは簡単ではありませんが、言葉を変えるのはあなたが意識的にできること、あなた自身でコントロールできることです。自分へのポジティブな言葉がけは、自分治癒力そのものです。

カッコ内に自分の名前を入れて、写文してください。

（　　　）は、言葉による自分治癒を1週間
実践した。
（　　　）は、言葉によって癒やされることを
実感した。
（　　　）は、ストレスフリーになった。

おめでとうございます！　**あなたの自分治癒力は、この1週間で飛躍的に高まりました。**自分の言葉で、自分を癒やすことができるのです。
自分を癒やす言葉を口癖にしましょう。
言葉を変えれば、気分は変わる。間違いない！

【今週のお気に入りの言葉】今週の7つの言葉のうち、最も心に響いた言葉を、一つ写文しましょう。あなたの心を揺さぶるこの言葉を大切にして、暇があればつぶやいてみる。または写文してみるといいでしょう。

【1週間の振り返り】今週1週間の写文を振り返り、「印象に残ったこと」「自己成長」「自分の変化」など、気付きを3つ書いてみましょう。

【自作名言】苦しいときにつぶやくと癒やされる言葉。何か1行、名言風に書いてみましょう。

［第八週］

ウェルビーイング

第八週 1日目

ウェルビーイングを実現する言葉

声に出して読んでみよう

健康、つながり、仕事。すべてを手に入れていい。

獲得スキル

ウェルビーイング

整える

身体的、精神的、社会的に良好！

音読 あなたの調子はもっと良くなる。あなたのパフォーマンスはもっと良くなる。あなたは、こんなもんじゃない！　あなたには、無限の可能性がある。あなたの自己成長も無限大だ。

そのためにも、まずはコンディションを整えよう。心と体の健康をベースに、つながりを強めよう。健康とつながりが盤石になれば、仕事の結果も必ずついてくる。

解説 「ウェルビーイング」とは、「身体的、精神的そして社会的に良好で、すべてが満たされた状態」と定義されます。わかりやすく言えば、心と身体の健康、さらに社会的な「つながり」。家族、友人、パートナー、職場や学校の人とも良好な人間関係がある。そして、仕事や勉強に前向きで、充実感を持って取り組める状態です。「健康」「幸福」と訳されることもありますが、「絶好調」と考えればイメージしやすいでしょう。

いよいよ、写文セラピーも最後の1週間に入りました。今までの「まとめ」「総括」と思い、集中して取り組みましょう。

写文応用編

①健康で満足するな。絶好調を目指せ！

②すべてが満たされた状態は、実現可能。

朝

健康、つながり、仕事。すべてを手に入れていい。

夜

健康、つながり、仕事。すべてを手に入れていい。

今日のフィードバック

第八週 2日目

ウェルビーイングを実現する言葉

声に出して読んでみよう

私のポジティブな言葉で、私はポジティブになる。

獲得スキル
ポジティブ感情
言語化

言葉を変えれば、自分も変わる

音読 口にする言葉によって、感情や思考はコントロールできる。
　ポジティブな言葉を多く発すれば、ポジティブな感情が高まり、自己肯定感は高まる。ネガティブな言葉を多く発する人は、ネガティブな感情が強まる。だから、自分が変わりたければ、言葉を変えればいい。ポジティブな言葉を多く言った方がいい。

解説「ポジティブ感情」とは、喜び、楽しさ、感謝、希望、興味、愛情など、心地よく、肯定的な感情を指します。ポジティブ感情を持つことで、レジリエンスは高まり、ストレスは軽減。人間関係は改善し、集中力や創造性が高まり、仕事もうまくいく。幸福感、満足感にあふれた人生になるのです。
　ポジティブ感情を強めるには、ポジティブな言葉を多く発する。ポジティブな言語化。楽しい活動をする。親切な行い、社会貢献をし、感謝の気持ちを持つ。運動、瞑想など、本書で紹介した多くのノウハウも役立ちます。
　写文セラピーを続けているあなたには、すでにポジティブな言葉が身に付いています。

写文応用編

①うれしい！　楽しい！　ありがとう。言えば言うほど、幸福になる。
②ポジティブ言葉で、自分を癒やす。

朝

私のポジティブな言葉で、私はポジティブになる。

夜

私のポジティブな言葉で、私はポジティブになる。

今日のフィードバック

第八週
3日目

ウェルビーイングを実現する言葉

私には無限の可能性がある！

声に出して読んでみよう

獲得スキル

ポジティブ感情

自己効力感

怖れることは何もない

音読 あなたには、無限の可能性がある。いま何歳であっても。ただ、自分を信じないと、その可能性は狭まってしまう。自分で選択しないと、他人の人生を生きるだけ。自分を卑下しない。自分を責めない。

自分で考え、自分で決断し、自分で行動するのです！　自分の人生は、自分で決めていい！　自分らしく生きていい！

失敗してもいい。やってみよう！　今のあなたなら、絶対にできる！

解説 「私はできる！」という「自己効力感」。自分の可能性を信じる自己肯定感。写文セラピーで、自己肯定の練習をしてきたあなたには、前向きで肯定的な感情、感覚、「ポジティブ感情」が育っています。

小さな成功体験の積み上げが自信を作り、そこからの新しい挑戦が無限の可能性を生み出します。失敗したら、フィードバックすればいい。転んだら立ち上がればいい（レジリエンス）。困ったら人に頼ればいい。

怖れることはないのです。楽しみながら、自分の可能性を広げていきましょう。

写文応用編

①自分を勇気付けるのは、自分。

②「できる！」と言えば、実際できる。

朝

私には無限の可能性がある！

夜

私には無限の可能性がある！

今日の
フィードバック

第八週 4日目

ウェルビーイングを実現する言葉　声に出して読んでみよう

私は時間を忘れるほど（　　）に夢中になる。

獲得スキル
エンゲージメント
楽しむ力

夢中になれれば、それで幸せ

音読 何かに夢中になるのは素晴らしい！時間を忘れるくらい没入する。それはとても幸せな時間の使い方。没入すれば、「苦しい」「つらい」ことは忘れてしまう。ストレスは消える。仕事や勉強も楽しくなる。

毎日を楽しもう！　もっと楽しいことに注目しよう！　「楽しい」に反応するアンテナを立てて、自分の「楽しい」「夢中」を発見しよう。

解説 「エンゲージメント」とは、何かに夢中になっている状態。ウェルビーイングを構成する重要な要素です。興味や関心が高い活動に集中し、没頭すると、時間があっという間に過ぎたと感じます。そして、圧倒的な充実感、満足感、幸福感に包まれます。

それによってストレスは解消され、知識、スキルも向上し、自己成長が進みます。没入した状態では、新しいアイデアや発想が生まれやすく、創造性が高まります。

毎日、少しでもいいから「夢中になる時間」を確保しましょう。スマホのような漫然とした娯楽は、幸福を遠ざけるだけです。

写文応用編

①好奇心は、幸せを発見するアンテナ。
②今日を楽しまずに、いつ楽しむ？

朝

私は時間を忘れるほど（　　　　）に夢中になる。

夜

私は時間を忘れるほど（　　　　）に夢中になる。

今日の
フィードバック

ウェルビーイングを実現する言葉

声に出して読んでみよう

私は開かれた心で「つながり」を大切に生きる。

獲得スキル
オープンマインド
つながり

心を開けば、心はつながる

音読 心のドアは開けておこう。「嫌われたらどうしよう」と心のドアに鍵をかけない。心の壁を作らない。あなたの心が閉じていると、他の人も話しかけづらい。

無理して人間関係を構築する必要はない。でも、マインドが閉じていると、他人の好意や思いやりに気付けない。

過剰な心配、不安、自己防衛を一旦、取り除こう。オープンマインドで、あなたの可能性は無限に広がっていくのです。

解説 多様な価値観、他人の価値観を尊重する。ニュートラルに接する。先入観を持たない。自分の考えに固執しない。謙虚な姿勢を持つ。そうして心が開いた状態（オープンマインド）になれば、情報も「つながり」も自然に増えていきます。安定したつながりがあれば、仕事や勉強もはかどります。

新しい人との出会いは、あなたの可能性を増やします。あなたの価値観やコンフォートゾーンを広げます。少なくてもいいので濃く、深く、安心できる、安定したつながりを作っていきましょう。

写文応用編

①人は一人では生きていけない。
②心を開けば、可能性が開ける。

朝

私は開かれた心で「つながり」を大切に生きる。

夜

私は開かれた心で「つながり」を大切に生きる。

今日の
フィードバック

第八週
6日目

ウェルビーイングを実現する言葉

私の人生には意味がある。私は社会に貢献している。

声に出して読んでみよう

獲得スキル
意味
自己有用感

生きる意味について考えよう

音読 あなたが今、ここに存在し、生きているのには「意味」があります。

その意味を考えてみよう。感じてみよう。

他人や社会に役立っている、貢献しているのなら、それは大きな意味になる。

「つらい」「苦しい」という逆境にも意味がある。それは乗り越えると、飛躍的に成長できる「試練」。もっと自分と向き合おう。自分の価値観、感じ方、楽しさと向き合えば、自ずと意味は見えてくる。


解説 自分にとって何が大切なのか、何を成し遂げたいのか。人生の目標や価値観。生きがいや使命感、貢献感など、人生を生きる上での目的意識——「意味」を考えましょう。

「意味」という大きなものを意識すると、「目前の苦しみ」は軽くなります。

漫然と流されながら生きていると「生きる意味」を見失い、つらくなります。

「自分は社会の役に立っている」（自己有用感）と「社会貢献性」を意識すれば、自分の「存在価値」が見えてくる。あなたには、かけがえのない価値があるのです。

写文応用編

①わからなければ聞いてみる。私の長所は何？
②どんな時にも人生には意味がある。（精神科医ヴィクトール・フランクル）

朝

私の人生には意味がある。私は社会に貢献している。

夜

私の人生には意味がある。私は社会に貢献している。

今日のフィードバック

第八週 7日目

ウェルビーイングを実現する言葉

私は目標を達成した！ 私は大きく成長した！

声に出して読んでみよう

やったー！　できた！　自分はすごい！

音読

あなたは、２ヶ月の写文セラピーを完了しました！　おめでとうございます！　本当に素晴らしいことです。

やれば、できる！　あなたは、目標を達成したのです！　あなたのアウトプット力は成長しました。あなたの自己洞察力、自己肯定感、自分治癒力も飛躍的に高まりました。

あなたは、自信を持っていい。

自分の成長を喜びましょう。自分の成長を味わいましょう。達成感を味わうほど、次に向かうエネルギーがわいてきます。

解説

目標を達成したときや、何かを成し遂げたときに得られる満足感や充実感。その「達成感」を言葉に出して表現しましょう。「やったー！」「私にもできた！」「自分はすごい！」。目標を達成した自分を褒めてあげるのです。

２ヶ月間の写文セラピーであなたは、行動し、継続し、習慣化することを学びました。自分に自信を持っていいのです。この自信を、仕事や勉強など、他のことにもどんどん応用していきましょう。

写文応用編

①やればできる！　私にもできた！

②自分を信じる力、それが自信である。

獲得スキル

達成感

習慣化

朝

私は目標を達成した！　私は大きく成長した！

夜

私は目標を達成した！　私は大きく成長した！

今日のフィードバック

第八週 「ウェルビーイング」の振り返り

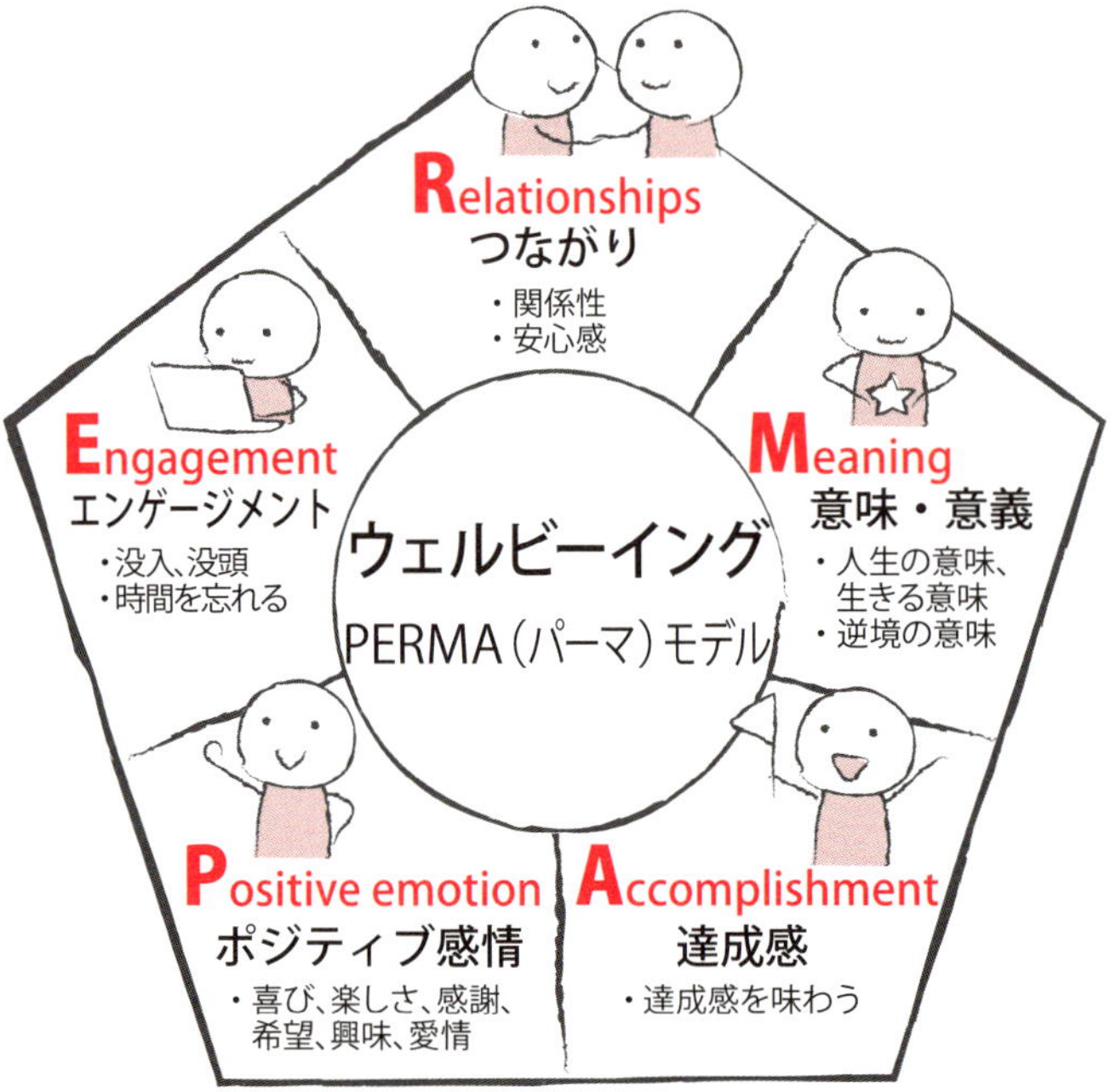

ウェルビーイングを構成する5つの要素の頭文字をとった「PERMAモデル」があります。「ポジティブ感情」（2、3日目）、「エンゲージメント」（4日目）、「つながり」（5日目）、「意味・意義」（6日目）、「達成感」（7日目）について順に学びました。

　ウェルビーイングと言われても、少しわかりにくかったかもしれませんが、「健康」×「つながり」×「パフォーマンス（仕事）」のすべてが整った、最良の状態。本書でお伝えしてきた内容の一つひとつが、ウェルビーイングに通じていたのです。

　8週間、お疲れ様でした。音読と写文を実践してきたあなたは、自分自身を癒やす力（自分治癒力）を身に付けました。さらにポジティブ感情、パフォーマンスを高める方法を学び、実践してきました。

　自分の成長を実感してください。そしてそれを「自信」に変えてほしい。一生役立つ自分治癒力に、これからさらに磨きをかけて、大きく飛躍してください。

カッコ内に自分の名前を入れて、写文してください。

（　　）は、8週間、写文セラピーを実践した。
（　　）は、以前よりも大きく成長した！
（　　）は、これからも写文とアウトプットの
習慣を続けていく！

おめでとうございます！

あなたの行動する力、継続する力、集中する力。本当に素晴らしい！　これらのスキルは、一生使えます。

あなたは別人のように成長しました。自信を持って生きていきましょう！

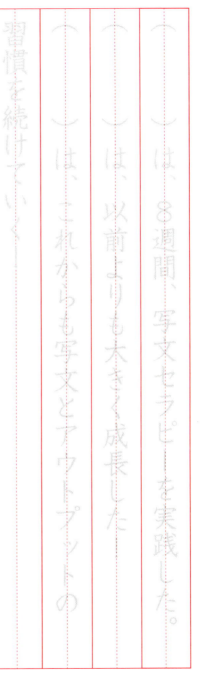

【自分へのご褒美】

8週間、写文セラピーを実践した自分に、ご褒美の言葉をかけてあげましょう。

【8週間の振り返り】

8週間の写文を行い、どんな「成長」「変化」を感じましたか。3つ書いてみましょう。

【獲得スキル】

あなたは、様々なスキルを獲得しました。獲得できて良かったスキル3つとその理由を書いてみましょう。

理由

理由

理由

【自作名言】

最後に、今のあなたの心境。やりきった感情も踏まえて、1行名言風に書いてみましょう。

自分の成長を感じるぞ！
えんぴつくんありが…あれっ、いない!?
おーい
えんぴつくんはいますよ
樺沢先生！
いつもあなたの心の中に！

ック｜写文後｜

長ができたのか。「自分治癒力チェック」を改めてやってみましょう。

P8～9と同様の方法で集計して、自分治癒力チェックの結果をグラフに記入しましょう。

次に、写文前のデータを転記してください。色を変えたり写文前（▲）でプロットすると、比べやすいです。

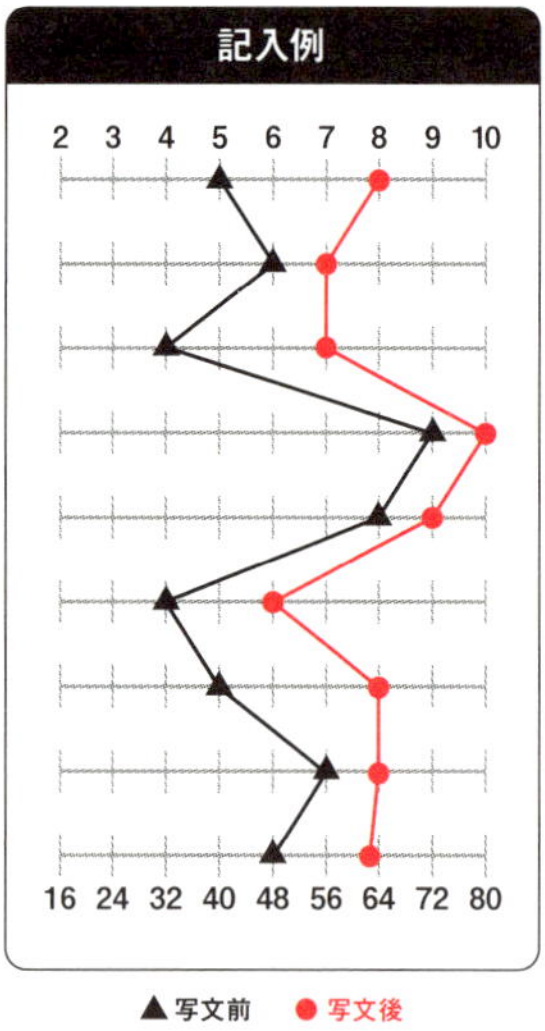

写文前と後でのあなたの自己成長が歴然と現れました。8つのカテゴリーの多くで、あなたのスキルは向上した。合計スコアも大きく増えたはずです。

数値化すると、自己成長を客観的にとらえることができます。これが、あなたが8週間写文セラピーを行った成果であり、自己成長した結果です。

たった8週間でこれほどの自己成長ができた！　自分に自信を持ってください！

自分治癒力チ

◎あなたは、8週間の写文セラピーを達成しました。どれくらいの変

◆以下の質問に、1～5でお答えください。

1. 全く当てはまらない　2. あまり当てはまらない　3. どちらともいえない
4. やや当てはまる　5. 非常に当てはまる

「回答」欄に、1～5の数字を記入してください。

	質問	回答	2問加算
①	私は価値がある人間だと思う		①＋②
②	難しいことでも、失敗を怖れないで挑戦する		A
③	私は困難な状況でも立ち直ることができる		③＋④
④	問題に直面しても、前向きにとらえられると思う		B
⑤	今していることに集中して取り組むことができる		⑤＋⑥
⑥	物事を深く考えすぎず、ありのままを受け入れられる		C
⑦	自分の意見や考えを、人に伝えている		⑦＋⑧
⑧	自分で考え、自分で決断できている		D
⑨	私は人から支えられている。 人との「つながり」を強く感じている		⑨＋⑩
⑩	困ったときには、周りの人に助けを求めることができる		E
⑪	私は、毎日調子が良い		⑪＋⑫
⑫	十分な睡眠がとれている。グッスリ眠れている		F
⑬	ストレスを感じたとき、感情をコントロールし、 冷静に対処できる		⑬＋⑭
⑭	0か100かで、物事を考えない		G
⑮	私は現在、幸せだと感じる		⑮＋⑯
⑯	最近、楽しい、ワクワクするような経験をしている		H
		合計	

さいごに

おめでとうございます！　8週間の写文を続けたあなたは、本当に凄い！　朝夜3分ずつという短時間ながら、「圧倒的に集中した時間」を作ることができるようになった。行動し、継続し、習慣化できるようになったのです。

本書は、『言語化の魔力　言葉にすれば「悩み」は消える』（幻冬舎）をベースに、言葉（音読＋写文）で悩みを解消し、自分を癒やすという、アウトプット中心の全く新しい書籍です。

単に読んで終わりではありません。言葉と一緒に、本と一緒に一日を過ごす。言葉と向き合うことで、自分と向き合う。その結果、自己成長が加速するのを実感されたと思います。

しかし、これはあなたの「無限の可能性」の第一歩にすぎません。朝夜3分の集中時間を、これからも続けてください。「写文応用編」の言葉を写文すれば、さらに8週間を2巡して楽しめます。最近読んだ本から、自分で「名文」「気付きの一文」をチョイスして写文してもいいでしょう。

これからも朝夜3分、自分と向き合う集中時間を確保することができれば、日々、自己成長を自覚しながら、ストレスフリーで幸せな毎日を送ることができるのです。

2025年3月某日　精神科医　樺沢紫苑

【参考文献・参考論文】

全体

『言語化の魔力』（樺沢紫苑・幻冬舎）

第一週　自己肯定感

『何があっても「大丈夫。」と思えるようになる 自己肯定感の教科書』（中島輝・SBクリエイティブ）

Rosenberg, M. (1965). Society and the Adolescent Self-Image. Princeton University Press.

第二週　レジリエンス

Smith, B. W., et. al.（2008). The brief resilience scale: Assessing the ability to bounce back. International Journal of Behavioral Medicine, 15(3), 194-200.

Connor, K. M., & Davidson, J. R. T. (2003). Development of a new resilience scale: The Connor-Davidson Resilience Scale (CD-RISC). Depression and Anxiety, 18(2), 76-82.

第三週　マインドフルネス

『マインドフルネスの教科書 この1冊ですべてがわかる！（スピリチュアルの教科書シリーズ）』（藤井英雄・Clover出版）

Kabat-Zinn, J. (1990). Full Catastrophe Living: Using the Wisdom of Your Body and Mind to Face Stress, Pain, and Illness. Dell Publishing.

Baer, R. A., Smith, G. T., Hopkins, J., Krietemeyer, J., & Toney, L. (2006). Using self-report assessment methods to explore facets of mindfulness. Assessment, 13(1), 27-45.

第四週　アウトプット

『学びを結果に変えるアウトプット大全』（樺沢紫苑・サンクチュアリ出版）

Fritz, C., & Sonnentag, S. (2009). Antecedents of day-level proactive behavior: A look at job stressors and positive affect during the workday. Journal of Management, 35(1), 94-111.

第五週　コミュニケーション

Spitzberg, B. H., & Cupach, W. R. (1984). Interpersonal Communication Competence.
Sage Publications.

第六週　コンディショニング

『ブレインメンタル強化大全』（樺沢紫苑・サンクチュアリ出版）

Gross, J. J., & John, O. P. (2003). Individual differences in two emotion regulation processes: Implications for affect, relationships, and well-being. Journal of Personality and Social Psychology, 85(2), 348-362.

第七週　ストレスフリー

『精神科医が教える ストレスフリー超大全』（樺沢紫苑・ダイヤモンド社）

『感謝脳』（樺沢紫苑、田代政貴・飛鳥新社）

第八週　ウェルビーイング

『ウェルビーイング』（前野隆司、前野マドカ・日本経済新聞出版）

『精神科医が見つけた 3 つの幸福』（樺沢紫苑・飛鳥新社）

Lyubomirsky, S., & Lepper, H. S. (1999). A measure of subjective happiness: Preliminary reliability and construct validation. Social Indicators Research, 46(2), 137-155.

Diener, E., Emmons, R. A., Larsen, R. J., & Griffin, S. (1985). The satisfaction with life scale. Journal of Personality Assessment, 49(1), 71-75.

〈〈〈 **読者プレゼントのお知らせ** 〉〉〉

あなたが感じた「写文セラピー」の効果はいかがでしたか？

本書の冒頭と最後にある「自分治癒力チェック」の結果を送ってください。データが集積されましたら、
それを集計し学術論文にして、「写文セラピー」を世の中に広げていきたいと考えています。

是非とも、ご協力をお願いします。

報告いただいた方には、本誌に収録できなかった、「10回分の写文シート」をプレゼントします。

「10回分の写文シート」プレゼントへの応募は、下記URLから。

https://kabasawa8.com/fx/therapy

ブックデザイン
結城亨（SelfScript）
・・・
イラスト
たかしまてつを
・・・
DTP
美創

朝夜3分、書くだけで癒やされる
書き込み式　写文セラピー練習帳

2025年4月25日　第1刷発行

著者：樺沢紫苑
発行人：見城 徹
編集人：石原正康
編集者：茅原秀行

発行所：株式会社 幻冬舎
〒151-0051 東京都渋谷区千駄ヶ谷4-9-7
電話：03（5411）6211（編集）
　　　03（5411）6222（営業）
公式HP：https://www.gentosha.co.jp/

印刷・製本所：中央精版印刷株式会社

検印廃止

ISBN978-4-344-04410-4 C0030